30岁前你一定要去小公司

施伟德◎著

图书在版编目（CIP）数据

30岁前，你一定要去小公司 / 施伟德著. -- 北京：文化发展出版社, 2017.5

ISBN 978-7-5142-1745-2

Ⅰ. ①3… Ⅱ. ①施… Ⅲ. ①职业选择－研究 Ⅳ. ①C913.2

中国版本图书馆CIP数据核字(2017)第095993号

30岁前，你一定要去小公司

施伟德 / 著

责任编辑：周　蕾　　　　责任设计：侯　铮

责任校对：岳智勇　　　　责任印制：邓辉明

出版发行：文化发展出版社（北京市翠微路2号　邮编：100036）

网　　址：www.wenhuafazhan.com

经　　销：各地新华书店

印　　刷：三河市兴达印务有限公司

开　　本：787mm × 1092mm　1/16

字　　数：195千字

印　　张：14.5

印　　次：2017年11月第1版　2017年11月第1次印刷

定　　价：38.00元

I S B N：978-7-5142-1745-2

前　言

PREFACE

要成功，想做鹰，你必须先伏地爬行

01

时值盛夏，毕业季，又一大波亲朋好友家的孩子告别校园，面临择业的重要难题。

作为一个走南闯北的职场老江湖，我又被下面这个问题问倒了：去众所周知的大公司还是名不见经传的小公司?

这个问题，让我每年都为难得想撞墙，因为我明知道答案，却又不能直说，我总不能像汪峰先生当某栏目导师那样逢人就问“告诉我你的梦想是什么”，要碍于世俗，碍于面子，考虑个体差异，你懂的。人生大事，旁人真担待不起。

我正为这个问题烦恼之时，于是发生了下面的故事。

02

刚刚接到了一个电话。某大型快递公司的工作人员打来的，很久没听到这种牛哄哄的语气了：我是 ×× 快递公司的，有你一份快件，给你放楼下邮箱了。自己下来取。

因为正忙，我说：我留了详细地址，并且现在比较忙走不开，您帮我送到 502 好吗?

对方坚决拒绝：送不到，你自己下来拿。我这里还有好多件要送呢，没工夫亲自送到你手里，你动作快点，我还等着你签字呢!

然后就毫不客气地挂电话了。

我感觉有一个世纪都没听过这么强硬的声音了。它来自一个大型快递企业。

底气从何而来？大公司啊。人家承接着大部分的网购物流业务，这是多大的平台，多大的公司啊。

毫无疑问,这是个在大公司混迹的牛人,他的后台比小快递公司更厉害。

可是，他真实的生活是怎样的呢？通过他的声音，我能判断他是一个四十多岁的中年男人。通过他的语气，我感受到他内心强烈的戾气，生活不如意带来的戾气!

无疑，这是一个混得很不好的中年男人。

而他混得不好，和他一直迷恋并安于大公司有关!

我相信，在他刚刚进入这家快递公司的时候，一定也享受着丰厚的酬劳，良好的福利。

太安逸了，于是，他就陶醉了，放松了，傲娇了，一直傲娇到现在。除了做好手里的工作：或打包裹，或收发快递。他以为做好这些，就能一直安稳下去。

他应该也是个合格的员工，但是，合格却不优秀。这样的螺丝钉，一放到市场接受竞争机制的冲击，就毫无生命力。你懂的，世易时移，早不是炫身价的时代了。这个时代，拼的是能扛活，出业绩，善学习。

现实是，这个在大公司供职的资深工作人员的工资早被同行业其他规模较小的企业旗下的员工甩出去十八条街了！他也无法继续端着虚架子打牛气哄哄的电话，或是用大嗓门和差服务来标榜自己的“大公司员工”身份了。

说这个故事，绝不是一言不合就翻脸泄私愤，只是想回答孩子们去大公司还是小公司的老大难问题！

必须承认，大公司确实能给人带来荣耀感

无疑，大公司说出去脸上有光。在许多地方，谁家的子女在某知名大企业的公司工作，就算是在最基层的岗位，也非常愿意说给别人听；当事人，也会觉得很有面子，无论是参加同学聚会，还是随便一个场合留通讯地址，那都是特长脸的一件事。每次学校搞各种通讯录，那几个在大公司上班的，都是大家关注的焦点，而我们这些在小公司做事的，总会被别人忽略。

也许有些人在这种时候会感觉到苦闷，事实上，任何人都不是活给别人炫的，踏踏实实活好自己，做好自己的工作就好。

关于择业，我想着重强调以下几点

第一，如果你想打一辈子工，那你选择大公司训练。

假如你的人生最高发展目标是想当个职业经理人，那建议你去大公司接受训练吧。因为那里有更好的背景光环，有成熟的商业模式，有先进的管理经验，有成套的系统流程，有完备无缺的公司运营制度，凡此种种，都会成为你的个人品牌，提高你的身价，实现打工皇帝的美梦。这就好比一个新服装品牌，毫无来头，卖起来费劲，但你要说你是某奢侈品牌旗下的子品牌，便会变得极为有吸引力。因而，从大公司出来的人，比别人更有吸引力，但也仅限于有吸引力。

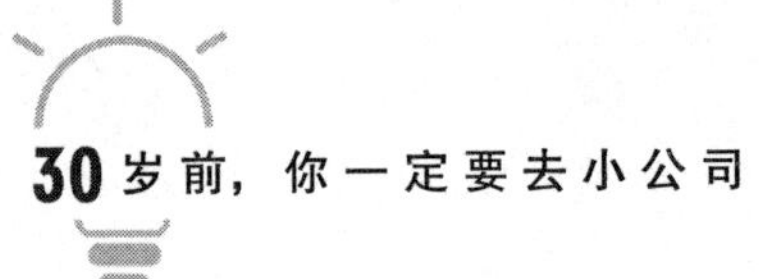

第二，如果你想有大出息，30岁之前，请你选择小公司磨练。

当然，有些人天生喜欢冒险。人活一世，想有大作为的，在个人成就上有野心有企图的，喜欢尝试和挑战的，那你最好去小公司磨练。理由很简单，小公司既能把你锻炼成能从绝境中杀出一条血路的英雄，也能把你变成特别能扛活特别能耐压特别抗击打特别出业绩的万能人！这样的人，绝对是放之四海而皆赢的企业家！

如果你很看好一家公司或是一个小老板，那你跟着他干吧，值得一试。

第三，选择小公司，需要眼光和魄力。

当然，小公司不是随随便便就落脚的，也不是什么人都适合的。你要选择有发展前景的小公司，选择靠谱有潜力的小老板，你自己，也必须对成功有强烈的渴望，对自己的前途事业有更高要求，而不是随随便便打个工，仨瓜俩枣打发自己。

当然，只要是选择，就一定有“好”与“不好”。世上从来没有完美选择，从来没有满意百分百。无论做什么样的决定，都要遵循以下原则：

1. 尽可能获得足够信息。

2. 尽可能透彻地了解自己。

3. 了解决策成本，预估决策收益。

4. 评估选择后的发展空间。

最后，请牢记一点，职场上，你值得多少钱，你能爬多高，你能走多远，都要靠你的能力说了算。

更多贴心实用信息，咱们书中见！

目　录

CONTENTS

第一辑

你膜拜的大公司，都是由小公司发展来的

第二辑

30 岁之前，一定要去小公司折腾一次

第三辑

扒一扒大公司的缺点，破除你的迷恋

第四辑

晒一晒小公司的优点，小公司并不像你担心得那么糟

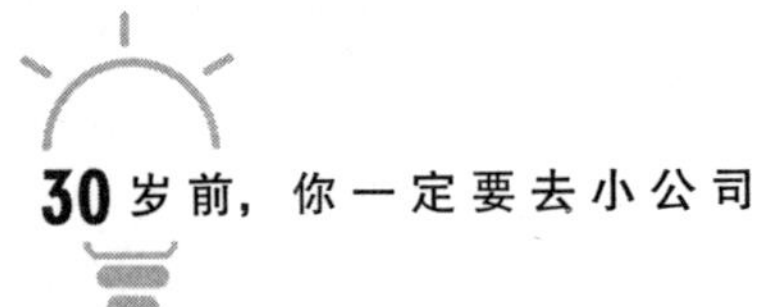

第五辑

谁说小公司福利待遇不好？一算见分晓

第六辑

在小公司锻炼好这些能力，走到哪里你都是王牌

第七辑

和小公司一起发展，你需要注意什么

第八辑

和小老板一起成长，你必须重视这些问题

第九辑

你可以野心勃勃创业，也可以潇潇洒洒 U 盘人生

第一辑

你膜拜的大公司，都是由小公司发展来的

01 来来来，一起看看这些大公司的昨天

招聘会上总会出现一些冷热不均的现象：知名大企业、大公司的招聘台总是挤满了人，学生们排着长队等着递简历，但小公司的展台前却门可罗雀，少人问津。

去大公司，你很可能会面临这样的窘况：都要有经验的。你会嘟囔着说，没有第一次，不给个锻炼机会，谁能有经验？哪个老手不都是由新手过来的？哪个精英不都是从菜鸟开始的？有谁一出生就是企业家？

你只会伸嘴说别人，却没想到用同样的套路来质疑自己：你只稀罕大公司，可是哪个大公司，不是从小公司成长起来的？只是你们介入的时间点不同而已。

来来来，看看你们所稀罕的大公司，曾经有多么磕碜。

新浪、百度、京东、阿里，这都是让你们垂涎三尺的大公司吧？老板名气大，公司实力强，员工待遇好。可是最开始，也都是穷得掉渣、苦得要命！

1999 年 2 月 20 日，年初五，在一个叫湖畔花园的小区，16 栋三层，十八个人聚在一起开了一个动员会。房中很是简陋，只有一个破沙发摆在一边，大部分人席地而坐，马云站在中间讲了整整两个小时。彭蕾说：“几乎都是他在讲，说我们要做一个中国人创办的世界上最伟大的互联网公司，张牙舞爪的，我们就坐在一边，偷偷翻白眼。”

公司的启动资金是 50 万，十八个人一起出钱凑的，马云并不是没有这笔钱，但是他希望公司是大家的，所以十八个人都出了钱，各自占了一

份不同比例的股份，大家的协议写在一张纸上，很简短的英文。签上名字之后，马云让大家回去把这张纸藏好，从此不要再看一眼，“天天看着它做梦，我们就做不好事。”

在很长的时间里，这些人每个月拿500块钱的工资，在湖畔花园附近举步可达的地方租房子住，有的两三人一起合租，有的索性住进了农民房，吃饭基本就是3块钱一份的盒饭。戴珊很喜欢吃梅干菜，有一次吃着盒饭，突然对大家说：“等我有钱了，我就去买一屋子的梅干菜！”

……

这些人，创造了阿里巴巴，他们被称为十八罗汉。十年后，这家公司上市了，在上市当天成为一家市值超过200亿美元的中国互联网公司。而这十八个人，都变成了亿万富翁。当然，他们不是IPO（Initial Public Offerings，即首次公开募股）中唯一获利的团队，阿里巴巴中70%的员工大约4900人，都成为了不折不扣的富翁！

你看，今日的千万亿万富翁，几年前也和你现在一样是自我解嘲的穷屌丝：等我有了钱，豆浆买两碗，吃一碗倒一碗。

再来看看刘强东和京东。

1998年，刘强东拿着一万多块钱（相当于我当时四个月左右的生活费）赶赴中关村，租了一个小柜台，售卖刻录机和光碟。柜台名叫“京东多媒体”，这便是“京东商城”的前身。当然，现在的京东你们都看到了，京东商城已成为中国最大的自营式电商企业，刘强东也被《财富》评为“全球50位最伟大的领导者”。

在我们身边，遍地都是这样的财富传奇。

波波是我的前同事，生完孩子后想重新入职。在找工作上遇到了难题：她看上的看不上她，看上她的她看不上。因为波波有工作经验，过去的一年又学了会计，考到了会计证（中级），又自修了商务英语，所以找工作是不愁的。可是她说她还是想去大公司，她的姐夫帮她推荐了一家影视传媒集团，这家公司大，待遇好，而且有各种和明星近距离接触的机会。

波波说上周她去这家公司面试了，这家公司的老总和他姐夫同是长江商学院的同学，姓童，湖北人，这人一副老奸巨猾的样子。不过那家公司是真大呀，西单某大厦整栋楼都是他的，全国一二线城市都有分公司，员工的制服都是杉杉这样的名牌。

啊？姓童，湖南人，咋这么熟悉呢。不会是我多年前的某位老板吧？

我问了波波他的全名，果真对上号了，果真是我的那位前老板。

时光倒流到十年前，通州某居民房里，两居室，一个老板，三个员工，其中两个编辑，一个打字员，打字员是老板的表妹。我们编着中小学教辅书。月薪两千五，老板总让我帮他捎午饭，餐标从来没超过 5 块钱，通常是 3 块 5 毛一碗的面条。就那样，一个土拉吧唧的小老板，带着我们三个傻了吧唧的小编，每周关起门来开两次例会聊梦想，聊着传媒集团和上市之类的大话。当时我都当没听见，我觉得他只是在瞎扯，谁知他都扯成了真！

我把该公司的前世说出来时，波波简直不敢相信，她不相信这家轰轰烈烈的传媒公司曾经那么寒酸，也遗憾我没有坚持，坚持下来，那不也是元老了嘛。

我告诉她，其实就和你现在一样呀，看不上小公司。

说到此时，波波的脸红了。

我就势告诉他，公司的成长就像人的成长一样，哪有谁家的孩子一出生就会说话的？除了神童或怪物。重归职场，真的不妨从零开始，从小公司做起。

波波听从了我的建议。没再紧盯着大公司不放。

波波现在在小公司锻炼了一年，她说她再也不怕失业了，因为她有能力把小公司做大。实在不行，她自己可以做个小公司。比起那些趾高气扬把平台当本事，把 title 当标签的大公司员工，我觉得波波更有实力和竞争力，更接地气。

你是刚毕业吗？你是职场新人吗？你在找工作吗？你也在责怪招聘方

不给你成长的时间和机会吗？反思一下：你给欣赏你的小微企业留有余地么？你自己青睐大公司，却抱怨大公司不给你这个小菜鸟一个机会，这本身就是致命的逻辑错误！你应该跳出旧思维，给小公司一个用人的机会，也给自己一个成长的机会！

02 风水轮流转，大和小，不过是时机问题

去各大城市各大景区转转，各种高档度假村、高档茶楼、高档饭店基本上都关门了。这是反腐的成效。与此同时，各家常菜馆，农家小院，民宿酒店却如火如荼，纷纷火了。

不由感叹，一切关于大和小的问题，都是时间问题。

你再去中关村电子城转转，去各大商场转转，体会更深。

每次从中关村路过，都有种繁华落尽的伤感。

曾经的中关村，那真是人山人海，一天到晚二十四小时堵车。我认识个小兄弟，在中关村鼎好电子城某档口打工修电脑，都特有优越感，觉得在中国的硅谷热门行业的旺铺任技术总监，说出去好高大上。现在，他跑京东当送货员去了。

还有以前的商场营业员，尤其是那些大百货公司的营业员，那也都是有架子的。有个姐妹曾经高度自信地说道：“我多有本事啊，我一眼瞄过去就能估算出你一身行头的价格和品牌。”那又如何？现在还不是照样下岗，靠摆地摊卖袜子内裤过活嘛。

大和小，繁华与没落，真的只是时间问题。

还是以我某年服务的一家单位——某文化公司为例说道说道吧。那是

史上最小的公司。

我进入该公司的时候，它在偏远的昌平，也是居民房内，业务模式是剪刀加糨糊，编编书稿，人少得可怜，工资也少得可怜，老板的老婆是后勤，我是唯一的编辑，再加上老板，就是这个阵容。若不是刚毕业为了混口饭吃，我真待不住。

当时我们编的是律师资格考试的书，一年后就发展到十几个人了，因为那时候律师资格考试很火，书很好卖。又过了一年，公司已经发展到二十多人了，律师资格考试更名为司法考试，这就意味着公司的市场更大了，所有的公检法从业者必须考到这个资格证才能上岗。抓住这个时机，老板赚了钱，在北三环买了办公室。

我们编司法考试的书编得正顺手时，老板突然改让我们编公务员考试的书了，这对我们是个严重的挑战，我们要现学现卖啊，要去找当时的公考专家培训，研究真题，认真解析。我就是在这个时候离开这家公司的，我受不了那累。正是这次的方向性改变，把老板送上了辉煌的云端。公务员考试在中华大地上风靡了十几年，公司的业务如日中天，很快扩张成教育集团。培训机构遍布全球，成功上市。看到当年不走的老同事都成了富翁富婆，我肠子都悔青了。大家纷纷为我惋惜，作为公司最老的元老，我要是不走，那不知道金贵成什么样子呢。我嘴上说着不后悔，不过每次在电视广告和各大机场高铁站看到他们的广告，心里还真酸溜溜的。

我们常常说，时势造英雄，同样，时势也造富翁。多少富翁都是因为抓紧了时机而成为了富翁，他们在正确的时间做正确的事，从而很容易便奔向了成功。

所以，一家公司的业务好还是不好，公司的兴衰成败，规模大小，除了人为的努力，时代、时间因素也有着至关重要的影响作用。以前台式电脑好卖时，总是在各大城市能看到宏图三胞的门店，现在再也看不到了。想起曾经的火热，今日的没落，悲伤就逆流成河。

既然时间的力量如此巨大不可违背，那我们如何趋利避害呢？

支招如下：

①抓住黄金时间实现利益最大化。

一定要抓住黄金几年，好好赚，赚够了，能抵挡风险，有个保障。上帝不会亏待某人，也不会特别偏爱某人，大家机会均等，就看你能不能抓住机会，能不能充分利用机会，为自己架云梯，以图将来更上一层楼。

②及时调头。

一个卓越的企业家，应该对形势高度敏感，在行业没落之前，嗅到这种信号，从而未雨绸缪，在危机到来之前，已经另立山头了。这就需要你高瞻远瞩有远见啊。比如我说的那位前老板，发现公务员不好做了，人家改做行政培训了，就是给现有的公务员提高执政能力。虽然他的公司已经被迫“瘦身”，但我相信，凭他的把脉能力，很快又能缔造另一个商业帝国。

03 宝洁雄风不再，还会有哪些巨头和行业会消失？

林语堂先生有句这样的人生感言：我们对于人生可以抱着比较轻快随便的态度，我们不是这个尘世的永久房客，而是过路的旅客。

商业也一样，再好的行业，再大的企业，也不过是时代巨轮碾压下的一粒微尘，终将消失。

刚毕业时，有人给姗姗介绍了个男友，那个小伙子很牛，在诺基亚工作，工作好，工资高，找女朋友那真是紧着挑，反正姗姗是被 pass 掉的一枚。相亲时间也就一刻钟的功夫，他张口闭口就是我们诺基亚我们单位我们同事，说得那叫一个眉飞色舞，问姗姗在哪上班，姗姗不知天高地厚地报上名号，人家直接抛给她一句：小公司啊，北京太多了，没听说过。

生活真挺戏剧性的，就在他们的诺基亚关门歇菜时，恰好就是姗姗的那个小公司隆重上市时。哎，说什么好呢。

掐指算算，这几年陆续倒闭的航母型大公司还真不少，柯达、诺基亚，听说已经179年历史的超级百年老店宝洁也岌岌可危，市场份额锐减。

说这些并不是说大公司不好，也并不是说你有机会进入大公司工作不好，而是即使在大公司工作，也别得意忘形，也别忘了好好学习天天向上，也别丢了危机意识，不是有句古话说“常将有日思无日”嘛。行走江湖，我们要永远战战兢兢如履薄冰，这样才能避免一脚踩空万劫不复。

我看到很多人在进了大公司以后，就好像穷人家的姑娘进了宫一样，虚荣心爆棚，行事桀骜飘飘然，好像此后一辈子有用不完的优越感。他们以为进了大公司就可以一辈子旱涝保收啥都不用发愁，产生托付心理，那就完蛋了，你要知道，风险无时无地无处不在，大公司不能给你永远的安全感。

首先，时代不允许。

历史的车轮辘辘向前，无可抵挡，旧去新来是历史规律。各行各业，和宫里的女人一样，宛如春花，一茬又一茬。就以通信行业来说，以前是靠邮局，那时候邮局很厉害，门难进脸难看，发个电报打个电话那叫一个难，寄封信要好几天才能到。那时候邮局和电报很金贵，大家看到邮政送信人员比遇见久别的亲人都暖。后来就是电话了，在大学宿舍里，电话一响胜似亲娘，早几年租房时就在乎的是有没有电话。再往后就是呼机大哥大了，我就是从那个时候认识摩托罗拉和诺基亚的。那时候“假打”（注意，不是“打假”）特流行，就是有些有钱买得起大哥大的人为了炫富，明明没人找他，也要故意举起大哥大喂喂喂个不停，越是人多的场合越吆喝，特高调。再后来，就是手机了，旺了一大批手机制造企业，除了诺基亚摩托罗拉之外，还有波导、康佳、中兴等等大品牌。再然后，就是智能手机了，发展到智能手机，比较强劲的竞争对手就少了，熟悉的就是苹果、三星、华为了。

所以说，时代在发展，科技在进步，新技术层出不穷，各领风骚数十年都难，你想风骚一辈子，谈何容易？你的公司生产的产品不为时代需要了，你所能提供的服务有可能不为大众所需要了，你的公司所属的行业在历史的发展与推进中没落了，这都是必然，这就是规律。就以固定电话安装和修理人员为例，早在五年前，电话一有故障，我真像求爷爷告奶奶一样求他们，现在，家里的固定电话早都扔在犄角旮旯里了，再也不用。有时候路上遇到那个修电话的人，也不用像曾经那样点头哈腰了。

其次，市场不允许。

有市场就有竞争，竞争就是优胜劣汰。任何一个企业都不可能永当排头兵，你家公司一直垄断，是市场经济所不允许的。再说了，你们一直垄断，自身也难免滋生骄躁之气，有时候用不着竞争机制出手，自己就把自己给灭了。

再次，竞争对手不允许。

此外还有跨界，每个行业都会有外行介入，后来者居上是很有可能的。饭都让你家吃了，钱都让你们赚了，别人怎么活？现在，各行各业竞争都很激烈，稍微有点甜头，大家都一窝蜂地挤进去。以保健品直销为例，七八年前安利、如新还挺好做的，现在呢，一大波的保健品品牌上来了。我家这个楼栋里，一共有十户人家，有三家都在做保健品直销，而且是不同的品牌，而且新品牌还打出了“利润世袭”的旗号。

所以，竞争如雷贯耳，一切终将消失，多好的行业，多大的企业，都只能支撑你一时，不能保你一辈子。无论企业多风光，都必须夹紧尾巴做人，保持精进的态势。唯有精进长存！

04 未来几年有可能消失的职业，有你的吗？

得知我那个学校毕业后一直在某银行任要职的好友辞职，去云南打工（她弟在昆明开了家公司，她去做会计），连我这样的傻大胆都觉得她这一步有点冒险。可她却很有深度地说，说不定哪天银行就不需要这么多人了，与其如此，为什么不先行一步？

我想了想，觉得她说的确实很有道理。

或许有那么一天，你的产品或服务不再被人需要，你的职业不再存在，千万不要觉得这离你还很遥远，也不要觉得现在担心这些是杞人忧天。上个世纪，已经有打字员、铁匠、电话接线员等很多职业消失了。随着科技的飞速发展，未来职业变迁的速度将越来越快。社会学家预言，下面这些职业未来可能濒临消失，看看有没有你，那些将要入行的人千万要当心。

记者

在未来的某一天，超过九成的记者都会失业！注意，这并非胡言乱语，更不是危言耸听。美国的 Narrative Science 公司已经拥有瞬间写出上百万篇报道的能力了，该公司通过软件开发的模板、框架和算法，以一种极为快速的方法撰写报道，《福布斯》杂志都已经成为他们的客户了。

另外，纸媒的生存空间随着互联网的出现及发展从而不断被压缩。曾经风光无限的纸媒大佬何力、刘洲伟也相继离开了传统媒体。这些情况不仅值得记者从业人员深思，所有传统媒体的从业人员都不该忽视。

银行柜员

商业周刊中文网称，未来10年，中国大陆80%的现金使用会消失，人们逐渐开始选择网银或移动支付。未来20年，绝大多数中小银行如果不把前台业务外包，将难以生存——无论这个预言如何，传统金融业和科技行业正在进行一场生死时速。银行柜员要小心了。

金融领域或将发生一场彻底的互联网革命，这是谁也阻挡不了的趋势。

司机

现如今，谷歌的无人驾驶汽车可以自己停靠在纽约第五街区的某个停车里，也可以在硅谷101高速公路上穿梭。奔驰、宝马和奥迪等知名汽车厂商也都将开发无人驾驶汽车列入到了研发计划中。也就是说，在未来的某一天（或许这一天离我们不远了），所有汽车都能实现无人驾驶，那么货车司机、公交车司机、驾校老师等凭驾驶技术吃饭的人要失业了。

装配车间工人

作为全球最大代工企业，富士康计划采用数量规模在百万以上的全智能生产设备投入生产的全部过程，这一百万级别的“机器人大军”会迅速让富士康生产线上大部分工人没了饭碗。随着尖端机器人生产成本的下降以及使用的普及，装配车间的工作很快将完全不需要真人插手了。为劳工问题而发愁的富士康高层也许十分期盼着这一天的到来。

有线电视安装人员

有线电视在不久的未来必然会退出历史舞台，因为大家现在只需要用电视盒子就可以解决看电视的问题。通过电视盒子，人们还可以将一台普通电视升级为智能云电视机，从而实现与家庭其他无线终端（手机、Pad、电脑）的交互。换句话说，电视盒子让看电视、看点播、看在线视频变得异常简单，简单到人们不再需要有线电视。

既然人们很快就会不再需要有线电视，那么有线电视安装人员也就没有了存在的意义。当然，与有线电视相关的整个产业链上的人都得小心了。

加油站管理和工作人员

加油站在未来的某一天也会消失，这一点是毋庸置疑的。新能源的开发与使用技术愈发纯熟，充电站已然遍布世界各地，汽车都能实现无人驾驶，充电站必然也会实现自动化，不需要人来服务。

各种工业样品、小商品制造者

小商品制造者与各种工业样品的制造商们最好能够尽早将目光转向其他行业，因为一个可以让商品不通过制造和物流的环节来到达用户的手中的技术正在悄然中飞速发展——3D 打印。很快，无论消费者想买杯子还是想买被子，甚至就算想买飞机，也不用实物支付或物流等待了，他们只用购买想要购买的产品的设计方案，然后就地 3D 打印出来。消费者通过这种方式获得的产品要比供应链产品便宜许多，甚至有些东西完全不需要专门的人来制造，消费者只需用一个程序就能自己制造。

个体商户

随着电商的飞速发展，许多商品在电商的销售额都超过了实体店的销售额。以这种发展趋势估算，未来十年之内会有超过半数的服装店、鞋店、日常用具店不得不关门。

05 假如你所在的大公司黄了，你该怎么办？

上大学时有个同乡会。在同乡会里，我和美玲最要好。她是机械系的，毕业后进了我们市内一家机械类企业。这家企业在省内乃至全国都是响当当的大企业，还是一家上市公司，刚和日方达成合作共识，可谓是蒸蒸日上。美玲也拽着我进入法务部，我当时的择业名言是：宁在北京要饭，不在老家高干。所以我还是出来当了北漂。

当北漂的前几年，我经常吃不上饭，美玲常常接济我，从真维斯的衬衫到兰蔻小黑瓶，她都送过我，每次看我落魄的样子，她就数落我感情用事，真不该出去受罪。美玲也真是滋润风光过好多年。上班嫁人生子，按部就班，工作越做越娴熟，日子再无波澜。我和她也渐行渐远。

直到这次亲人生病，我回去陪床，才听隔壁床的阿姨说美玲所在的那个机械公司快要倒闭了，公司不景气有五六年了，好多职工都下岗了。我一听，连忙想办法联系到美玲。她以最快的速度来医院，看了我妈一眼，然后就拉我去家里小坐。

美玲说人到中年遭遇职业滑铁卢，快得抑郁症了。她说我滚刀肉这些年，想跟我进京，找点商机，干点别的小生意小买卖的。

我说你这把年纪了，能不折腾就别折腾，能就地自立解决的问题就别远赴他乡了，毕竟不是小年轻了，体力心力都很容易透支。

她很绝望，说这个破地方有什么生意可做，这个破公司有什么可留恋的。

真是当局者迷旁观者清，我在医院的时候就听人来人往的好几拨人都在说这个问题了，说企业虽然倒了，但是火了一批有眼光的人。人家三五个人组团，干着同样的业务，各自发挥优势，成了完美组合。收入待遇上都比上班强得多。

我给美玲深入分析了一下，你们这个行业是没问题的，你看你们的同类企业比如徐工（徐州工程机械集团有限公司）多火呀，再考虑下当前的经济形势，这依旧是热门行业。所以，与其换地方换行业，不如利用已有的资源和经验，还干老本行。我们又一起讨论了老家的酒厂，九十年代初风光无限，在央视一套黄金时段投了好几年广告。后来衰败了，原因在于内讧，管理不善，自己人搞自己人，最后全死。

这个酒厂植物人状态沉寂了十多年，现在又火了。复苏的起源在于有个老员工梦想复活，闲得难受，想干点事，于是他回忆了当年单位倒闭的原因，再看看市场，他看到了希望和可能性，于是重操旧业，以很低的价格接手酒厂。除了在生产上真抓实干，在经营模式上也出新招奇招，就比如他邀请当地的出租车司机免费参观，并且赠送礼品酒，出租车司机很满意，口耳相传，成本很低，但宣传效果很好。现在，这个小酒厂又成了我们当地的纳税大户了。

所以，当有一天你所在的大公司黄了，亲爱的不要慌张，不要觉得天塌地陷，塌的都是该塌的，每一次结束都是新的开始，老朽的东西行将就木后，属于你的机会才会来临。所以，平台垮了，失落的宝宝请你留下来，找几个知根知底的人，辟出一块业务，自己干。

以上是大公司倒塌后你的出路一。除此之外，还有另外两条好出路。

①同样的业务复制到外地

同样的业务，换个地方拉杆子单干，既轻省又赚钱。五年前，某时尚传媒集团就不行了，我的朋友老王有远见，他没有闪辞，也没有被辞，而是把目光瞅准了二三线城市，同样的业务模式他铺设到地方上，和当地报社合作，成立子刊，在老客户和新公司之间实现无缝对接，编辑内容没问题，客户得到完美交接。有老传媒集团的光环罩着，无论开展新业务，还是招聘员工上都特有优势。在时尚媒体不景气的年月，老王凭着这个套路做出了名堂。

②跟着政策走

我爸是人民教师，一生桃李满天下，在他的众弟子当中，我最佩服的不是做部长的那个，而是那个小学刚毕业的农民企业家。他姓宋，我就叫他宋同学吧。宋同学脑袋瓜好使，但不爱学习，小学五年级没毕业就跟他爸养鸡了。因为他有眼光，技术好，又勤劳，所以他成了远近闻名的养鸡专业户，发了大财。

后来不知道怎么就赔大了，养鸡场黄了。宋同学也算是大公司下岗了，欠了一屁股债。老婆孩子都不要他了。

宋同学也莫名其妙地失踪了。乡亲们都骂他，骂他欠钱不还一声不吭就跑了。

两年后，记住，仅仅两年，宋同学又无限风光地回来了，原先欠别人的钱双倍偿还，还挨个致歉。原来，混砸锅以后，宋同学羞愧难当，憋着一口气另谋发展。刚好赶上国家西部大开发，他就跑到西安那边去了，还是养鸡，还是办厂。同样的事情，因为获得了政策支持，他又快速致富！

现在，宋同学和他儿子，都没什么学历，但都娶了才貌双全的研究生老婆。这爷俩，简直就是传奇。

经过以上的事例，万一您所在的大公司传来不妙的消息，一不要气馁失意，二不要着急辞职走人或者消极地等待被辞领赔偿金，不妨考虑一下如何就地取财变废为宝，发点“亡企财”。

06 莫以规模论大小，公司和行业的前景更重要

有个小鲜肉问了这样一个问题：

我正在找工作，面临两个选择，有一家外资企业，在其他省市也有分公司，但其他分公司经营的情况一般。我觉得是外资大企业，流程规范，管理系统 SPA 双休五险一金应有尽有。但是它的经营前景比较惨淡，本人并不看好它在本地区的发展。另一个选择是一个本地环保型小厂，工资开得不低，但就是太小，说出去怕人笑话。我应该怎么选？

俗话说，男怕入错行女怕嫁错郎，其实，人人都怕入错行，择业很重要，然而，我们在择业找工作时，总是习惯于以当下判断。风物长宜放眼量，不要以眼下的光景判断值与不值，相比于公司眼下的规模和名气，公司和行业的前景更重要。这位同学明明已经看到了该外资企业的前景黯淡，估计是没什么生命力的，为什么要进去找死？难道就为了昙花一现的名气？这就好比你找对象，明知道对方是个道德败坏作风问题严重的混球，你还对他痴心绝对，就因为他出身不错或者小有名气？那你真是活腻了。

嫁人要嫁匹黑马，潜力股，就像张瑛当年看好马云一样。找工作要找前景良好的朝阳行业，新兴企业。连马云扩展业务接项目也是侧重于前景，而不着重于眼前利益。

“CEO 的主要任务不是寻找机会，而是对机会说 NO。”马云不仅是这样说的，也是这样做的。创业之初，马云就要求阿里巴巴员工有一种踏踏实实的创业精神。在创业的最初期，默默无闻于江南的阿里巴巴，仿佛并不存在，没有多少人知道杭州有这样一家电子商务公司。“一个公司

在两种情况下最容易犯错，第一是有太多钱的时候，第二是面对太多机会的时候。”

2002 年底，互联网世界开始回暖。新浪、搜狐等互联网企业相继实现盈利，阿里巴巴注册用户此时也已经超过了 400 万家。当时，许多人都认为阿里巴巴所拥有的客户规模使得其具备了开拓任何领域的最佳条件。当时，阿里巴巴的选择有很多，投资游戏、短信以及电子商务，马云选择了电子商务。

马云的这个决定是经过深入细致的分析的，与投资游戏、短信等领域比，他更看好电子商务的前景。

“我相信，如果我当初投入游戏一定会赚钱，但是游戏不能改变中国，游戏不是我们的使命，不是我们想做的事情。在网络游戏领域，全世界最强大的国家是美国、日本和韩国，但他们没有鼓励自己国家的人玩游戏，中国无数家庭很快也开始阻止孩子玩游戏。当时我觉得电子商务要 5 年以后才赚钱，所以这个决策非常难。那个时候，如果想赚钱，还可以进入短信领域。”

马云如是说。

面对巨大的即期利润，马云能够冷静地进行前景和发展空间分析，从而做出理性的选择。这是所有创业者都应该学习的。

因而，眼下之大永远不能成为判断依据，许多挤破脑袋都想投身大公司的怀抱的朋友应该仔细考虑这一点。真正的大，并非当下的繁华与荣美，而是前景之大，空间之大。

蔡崇信在加入阿里的时候，阿里也是一穷二白；雷军刚创立小米的时候，跟他一起创业的人也都是前途未卜，那他们为何选择一路追随呢？因为看到了前景！大部分人只看到眼前，但牛人往往可以看到未来！

在未来几年什么行业最有发展前景？哪些行业最赚钱是大多数人都会考虑的问题。遇到这种问题，我不敢胡说误导大家，所以我会根据 2016 年的行业职业薪酬排名、国家政策的走向就未来几年的行业前景趋势做一下简单的预测，供大家参考。

各大热门行业国家政策走向

以下是近两年中国人才数据研究中心的研究分析：

1. 国家关注对传统企业的转型升级，并将互联网 + 提到了战略高度，所以互联网 + 各大传统行业有重要的发展机遇。就目前而言，互联网行业的需求依然紧缺，将会有大量的人从传统的岗位中走出，步入这如火如荼的互联网行业，因此互联网行业的前景必将更好。

2. 国家对于互联网金融的政策相对于上半年而言已经有所限制，但是互联网金融依然是一个非常大的市场，这方面的人才资源依然是非常稀缺的，我的好几个小伙伴都在互联网金融行业工作，听说待遇是相当的好！

3. 国家鼓励民营资本加入一些改制的国有企业，很多垄断行业的壁垒得以降低，这也必将释放更大的市场信心和潜力。

最有发展前景的行业 TOP5

综合今年的行业职业薪酬报告、国家政策走向以及市场趋势，中国人才数据研究中心做出了以下的行业前景预估：

1. 互联网 / 电子商务：以往的数据、国家的支持、市场的信心都是利好，必将使这个行业前景更加火爆。

2. 提供专业服务的（IT 技术外包 / 培训 / 咨询 / 财会）的行业因为这个行业的专业技能壁垒较高，依然会有较大市场，行业前景依然乐观。

3. 金融类行业：随着互联网 + 上升到国家层次，金融类行业大规模的改制也随之而来，这个行业的前景将会更加被看好。

4. 机器人 /3D 打印等 IT 技术类行业：这类行业由于专业人才有限，市场需求旺盛，并且发展速度非常快，相信在未来几年会很有发展前景。

5. 房产家居类行业：行业虽然是传统行业，但是只要模式一变更就不是夕阳行业了。房产 O2O 以及智能家居行业都有着十分不错的发展前景。

当然，以上只是一个简单的预测，具体的情况让我们拭目以待。再者每个人具体的求职择业方向还是要视个人情况而定。

07 “互联网 +”，小公司做大的速度大大加快了

劝你别那么苛求大公司的另外一个原因还在于，互联网时代，小公司做大的速度大大加快了，小公司很容易就能成为大公司。找到对的小公司，就像 Facebook 的 CEO Sheryl Sandberg 所说的那样，宛如 “Find a rocket ship” 。

我们就来说说 Facebook 的事。

大概四年前的一个春天，社交巨头 Facebook 以总额 10 亿美元的现金和股票方式，收购成立仅仅十几个月的热门图片软件商 Instagram。这是其到目前为止规模最大的一桩并购，也是移动互联网有史以来最大的一宗并购案。

Instagram 应用程序是该公司的唯一产品，它是由两名斯坦福大学毕业生创立。2010 年 10 月在苹果 App 商店中上线，2011 年被苹果公司评为“年度最佳应用”，随后又推出了苹果 iOS 和安卓版免费应用，注册用户已经突破了 3000 万，每天有超过 500 万张照片通过该软件传送于世界的各个角落。

让人意想不到的是，Instagram 公司被 Facebook 收购的时候其团队只

有 13 人，并且其中有两位刚刚加入公司不到 2 个月。Facebook 的收购使他们一夜之间跻身富豪的行列。根据 Facebook 的 10 亿美元收购价来计算，Instagram 团队平均每人可分得大约 7692 万美元。由此，Instagram 公司堪称用最少的人员创造出了最大的价值的公司的典范。

Instagram 是做什么的？简单地说，就是图片微博。用户可使用手机拍摄照片，再用它修改和分享照片，还可对照片进行评论。这款免费软件的前景在于：从上线以来，注册用户呈几何倍数增长。其发布安卓版后短短 12 小时内，下载量就超过 100 万次。强大的用户参与度带来获得个人数据的能力，创新能力被肯定，这就是其被 Facebook 收购的重要原因。

同样跑得快还有滴滴打车。2016 年 8 月，一条消息在朋友圈炸开了锅：滴滴和 Uber 真的合并了。

滴滴合并后的估值将达到 350 亿美金。350 亿美金的估值，程维和他的团队只花费了 4 年的时间。

以上这场并购案，让我们真正见识了互联网 + 模式下小公司的成长速度，只要发展方向对头，都是几何级数的增长。也就是说，今年才 10 个人，明年就有可能是几百人，今年业务才几十万，明年就跃升到几千万。这都很常见。看看互联网企业里的总监、VP 和传统企业的相比都要年轻 10 ~ 30 岁，你便能明白小公司的发展速度究竟有多快！

所以，真心不必贪大求全，主要看其前景和发展空间。

互联网 +，不必养那么多人。

互联网时代，小型公司根本没必要在形式上做大，因为没必要。甚至有人提出“拼命做大公司，掉进最大的坑”的观点。

我们开公司的目的是什么？不是为了缔造一个庞然大物来摆谱吧？而是为了业务量，盈利。为了实现这个目的，有了互联网模式，你根本不需要养人，只要有客户有业务量就行。

在济南，有这样四个全职太太，合伙做了个在线概念店，只雇用了两个员工，一个文案，一个客服，就把公司开起来了。卖瑜伽课程、服装、家居用品等一切优雅女士生活需要的东西。你别看公司小，但业务量可不小，公司开业才半年，其盈利就超过其中一个合伙人之前开了两年的进口商品超市。

互联网+，好多部门可以免设。

有了互联网，很多部门是可以不设的，完全可以通过第三方协作来解决。有专业的人力资源公司帮你管理人力资源，甚至说，你和你公司所有员工签约都已经是第三方可以帮你做了。有专业的财务公司帮你管账，有专业的设计公司帮你提供设计方案，有专业的营销公司负责营销，有专业的律师团队处理麻烦，都是能帮你管。事实上，互联网为我们带来的转变是实质性的，无论是生活还是工作，我们处处都能感受到这些转变到底有多切实。互联网让我们的工作效率得到了飞速的提升，让我们的生活方式发生了彻底的转变。

精简的公司更有竞争力。

这种时候，你会发现一个很有趣的现象：不光是强强联手，这些长板一拼，所有的大公司需要的职能我都能瞬间具备，甚至我拼凑的这些职能还是超越大公司。

举例来讲，一个大公司，也有内部的设计师，但是没法保证内部的设计师是行业最优的。但是如果我有一个最棒的作品，我就非得找行业内最优的设计师跟我合作不可，找专业的人做专业的事，我只抓业务，做我的强项，我的效率很显然会比大公司更高，这种时候我的竞争力更强。

当然，这些必须建立在足够标准化和职业化之上的，要保证各个环节能够实现无缝对接。就像积木一样，积木的拼接中间必须要无缝，如果中间有任何地方咬合不上，就无法拼装。

到哪里找到快速发展的小公司?

一心只奔着“小公司”这个概念去找小公司也是不可取的，因为不是任何小公司都有前景的，也不是任何小公司都能够快速发展的，换句话说，我们所应该找的是快速发展的小公司。

快速发展的小公司哪里找呢？

多关注腾讯、德勤、《财富》《福布斯》等知名机构的排名，比如，“德勤中国区高科技高成长50强”；多看《创业家》《创业邦》这样的创业杂志；多上虎嗅、36氪、多知等新媒体；多关注投融资方面的APP，就能找到那些被媒体、被专业机构认可的小公司，特别是那些已经取得A轮融资的小公司——他们不快速成长都不行！

08 “互联网+”，大老板都在忙着把企业做小，把客户做大

正是见识了快速成长型小公司的魔力，越来越多的大老板也学着把企业做小，把客户做大。也因此，企业管理专家们预言：把企业做小，把客户做大是大势所趋。所以，在这种时代背景下，你再痴迷大公司简直就是傻瓜。

大企业利润来源上的20/80法则。

一家貌似很大的企业，其利润来源却遵循着普遍的20/80法则。有一家大型的央企有3000家子公司，但90%的利润来自于两个金融方面的企业：银行与证券。集团的领导懊恼地说，如果当年公司能够像万科那样勇于舍弃，专门做强房地产和金融两大行业，到今天一定能成为最盈利的公

司。但因为当初的集团领导人总是感觉其所经营的各个行业的发展前景都不错，看看哪个也舍不得放手，才有了现在的懊悔不及。

近些年来，中国企业界的贪大求全已经越来越普遍，究其根本原因，在于企业本身急功近利，看什么赚钱就做什么，盲目跟风。然而，这种做法往往会加剧市场竞争，从而让自己成长空间与先发优势殆尽，于是，走下坡路变成了必然。目前多数面临困境的企业，起因大多为此。

企业想要走出这种什么赚钱就做什么却让自己迅速陷入困境的怪圈，企业经营者就必须懂得把企业做小做精，并在自己擅长的领域坚定不移地钻研下去。诚然，企业做小做精可以聚焦能量，从而才能在自身擅长的领域实现长远发展和突破；企业如果将客户和市场作为导向的话，成本经营与价格竞争的困境便很容易被摆脱，企业核心竞争力也才能以能力、专业作为基础从而变得长远扎实。

把公司做小、做精的四点建议。

那么，对于大老板们来说，如何才能把公司做小做精？这里有几点建议可供大家参考。

（1）重人才、轻资产

不少的企业经营者对企业咨询以及员工技术培训极为不重视，他们宁愿斥巨资购买一台机器堆在厂房里，也不愿在聘请企业咨询专家或对员工技术培训方面有所花费，即使这些花费不多。显然，这种企业的老板属于典型的“重资产、轻人才”型老板。另外，还有许多企业的老板或管理者喜欢用听话的员工，排斥打压“不听话”、主动提出与老板或上级不同的、具有建设性想法的员工，从而使真正有能力的人不得不被逼走。

企业经营者一方面要克服“资产情结”，对不符合公司发展方向的资产及时“砍除”，采用轻资产进行经营，逐步提升资产的利用率；另一方面也要加强员工价值分析，将员工自身价值变成决定员工去留的主要依据，而不是凭个人喜好来决定员工的去留。

（2）重效益，轻规模

在中国职场中，中国人的“好面子”得到了充分的体现。许多人往往不重视公司的价值与前景，而是首先看公司的规模大不大，人数多不多。对于规模比较大的公司，心生敬意，而对规模比较小的公司便不屑一顾。正是这个原因，使得不少的企业经营者在不考虑市场及公司未来发展走向等问题而进行盲目扩张并沉溺于大规模带来的陶醉中。而对于不少的求职者来说，更向往能在大公司谋求一份职位，这样似乎“更有面子”。

事实上，行业细分度越来越强的今天，专注于某个细分领域比各个领域都想有所涉猎更容易取得成功。就算是规模较小的公司，只要专注于自己所在的细分领域，也能够在市场上赢得立足之地。

（3）重市场、轻生产

轻生产并非是不把生产当回事。而是在市场经济的大环境下，应该把市场放在比生产更高的位置。

诚然，产品质量是企业的生命，但是再好的产品也需要市场，没有市场的产品不存在任何意义，从这个角度上来看，产品质量不再是企业的生命，而市场才是决定企业生死存亡的关键。

另外，一个企业做好市场比生产好商品要难得多。因为生产是自己可控的，而市场则不是。也许有时候为了做市场做出了极大的努力都无济于事，或是换来一点点微不足道的成果。所以，企业必须以市场和客户为导向，抢占市场，才能在竞争日益激烈的市场中生存下去。

（4）要么拆分，要么压缩

互联网使得信息数据高速流通，从而让市场环境的变化速度更快。也就是说，大公司的管理模式也必须符合现在的市场环境，如果依然保持层层汇报的管理模式的话，再好的机会也无法把握。

小公司则不同，大多以快速响应、对客户需求的准确理解、本地化服务以及创业的激情使其自身获得发展。另外，小公司更能适应更快的创新速度，所以，许多缺乏竞争力的大公司想要发展，要么分拆成好几家小公

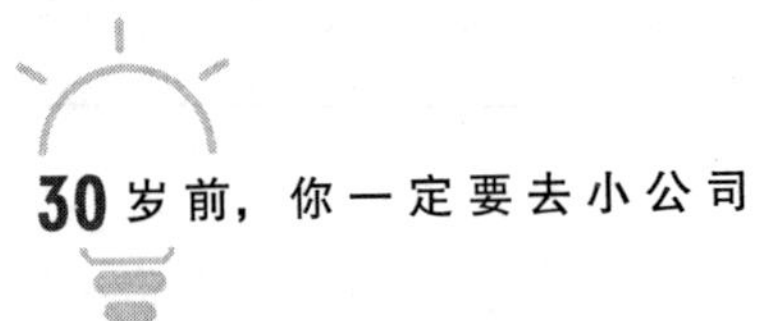

司，各自专注于自己的业务，以保持灵活性；要么压缩公司内部的层级，加快信息的流转。

作为大公司的企业经营者，应该在现如今的市场环境下尽快行动起来，该转型转型，该细分细分，该跨界跨界。

第二辑
30岁之前，一定要去小公司折腾一次

01 有一种自卑叫“小公司”，有一种羡慕叫“别人公司”

方正在中国国际广播电台有一个广告，说的是同学聚会的事情，大概是：第一年基本是抱怨，抱怨工作不好了，老板不好了；第二年基本是比较，谁的工资多一些，谁出差的机会多一些；第三年很多人干脆就不来了……

这个广告很接地气，很抓人，现实的确是这样的，每当同学聚会，那些在小公司就业的童鞋望着那几个在 500 强、大型企业集团工作的童鞋，手上划着 Surface，嘴里蹦着 Fendi、Prada，都羡慕不已，心生自卑。

其实，供职于小公司并没有必要自卑，也许现在看来你所供职的公司没有他们的好，你所获得的福利待遇也可能比他们少，然而，你也真的应该为你自己供职于小公司而感到自豪，因为你在小公司所拥有的东西，是那些供职于大公司的人无法得到的。

你比那些在大公司上班的同学多了什么？

①踏实的工作态度

让事实说话。我们大学同学里面如今混得最好的两个都在国家机关任要职，但他们都是从基层小单位出来的。一个曾在乡镇上的司法所，一个在县法院研究室。刚毕业时，他们在闭塞的小地方，领着三五百的工资，面对着基层百姓各种各样的小案例。比起一二三线城市同学的见闻、光鲜亮丽的生活，也曾有过深深的落差感。但越是那样，他们越是勤勤恳恳地投身工作和学习。做革命的一块砖，立足基层，多读书，多思考。

他们不停地考证，专研，有机会就往上考。最后抱着无所谓的轻松态度考了一下国家公务员，皇天不负有心人，他们以优异的成绩被录取。据说这些年国家部委选录公务员特别喜欢从基层选拔，因为基层员工工作踏实认真，不虚浮。

不光在国家机关，在任何一家组织，都喜欢踏实的职员。所以，去小公司，如果你能做到既来之则安之，你比任何人都幸运。

②更多锻炼机会

在小公司供职的你往往可以得到接触不同工作种类的机会，比如一个行政助理很可能会偶尔接触人事或财务的工作,甚至还能接触销售的工作。也就是说，你在工作的过程中，能够接触自己不知道的工作内容以及得到许多不同的锻炼机会。当你想换工作时，自身已然拥有了许多工作经验值。另外，当你成为一名什么都会的多面手的时候，你的职业境地便不再被动，这时候的你可以有两个选择，一个是现在的公司会为你加薪，另一个是换一个公司获取更高的工资及职位。

③升职更快

小公司的人事竞争压力远不及大公司。在大公司，升职可能需要三五年或更久的时间，而在小公司，如果你足够努力，也许只用花费两年的时间就能变成部门负责人。

④随着发展而发展

许多小公司都是刚刚成立或成立时间不长的公司，这种公司往往具有较强的发展潜力，公司员工自然也会随着公司的发展而发展，直到有一天，当公司发展壮大成超级大公司之后，曾经的普通职员很可能变成股东之一哦。

有一种羡慕叫“别人单位”！

网络上曾流传着这样一则故事：

“一位华为的员工，觉得华为现在很迷茫、没有前途，公司遇到了发展的瓶颈，所以准备跳槽去阿里。

于是他向阿里的朋友打听阿里的情况，阿里的朋友说了很多坏话，阿里的领导层水平太差，基本都靠马云，马云一松懈公司全玩完，他自己都准备辞职去腾讯了。

于是他又给腾讯的朋友发微信，腾讯的朋友说，腾讯加班超厉害，管理层太狠了，业绩压力大，晋升又困难，听说百度很轻松，他已经准备跳槽去百度了。

他只好给百度的朋友打电话，百度的朋友说，百度的价值观迷失，就差卖假药了，你说这样的公司能有啥前途？他想去华为，因为华为的营业额是 BAT 总和的两倍了。”

事实上，我们的身边的确时常发生这种事情，许多人对于习惯于这山望着那山高，从而忽视了自己脚下的风景。

大公司的机制与工作方法均成熟完善，所以许多人可以通过学习这些而成为人才；而小公司也可以出人才，虽然许多小公司的机制与工作方法都不够完善，但是小公司为每一个员工提供了无限发挥创造力的空间。

这就像那句职场金言：“跟随严格的领导可以出人才，因为严格可以约束你；跟随仁慈的领导可以出人才，因为仁慈可以让你学会自我约束。”

所以，生活在这个城市，谁都不用去羡慕谁，也不用去瞧不上谁。只要你改掉抱怨成性的恶习，任何平台，都是舞台，每个人的付出和收获也都是成正比的。

外部环境只占你成功要素的 30%！

根据研究统计，一个员工在工作中有多少收获、未来有多少发展空间，公司和领导的影响最多只有 30%，而其余的影响因素均来自自己，也就是说，你是否能在工作中有所收获，你的未来是否有更多的发展空间，有超过 70% 以上的决定因素在于你自己。然而，把自己不成长、不成功的原因归结到公司与领导的人不在少数，他们宁愿为了那至多不超过30%的部分而吐槽公司与领导，也不愿意仔细反思来自自己的超过70%的因素。

许多人自以为换个公司、换个环境、换个老板之后的自己一定会奋发图强、努力工作。然而，如果你一直心存抱怨，无论到哪里都会永远抱怨；如果你只是为了逃避，到哪里你都会逃避；如果你是因为身心懒惰而想要换个公司，那么无论到哪个公司，你都会懒惰。

所以，不要把关注点放在自己该去大公司还是小公司上，而是应该着力想想自己那70%，少抱怨环境那30%，如果你是真的踏实肯干，多小的公司都不会埋没你，如果你永远心存抱怨或侥幸，多大的公司都留不住你。

02 毕业5年，是什么让你和同学拉开这么大差距？

1827年，英国植物学家布朗发现了布朗运动：悬浮在水中的花粉微粒不停地做无规则运动的现象。

这种现象到处都在发生：空气中的灰尘因为气流而相互碰撞， 由于力学的关系，不停地做无规则运动。每一次撞击都会因为方向不同而使一颗灰尘的速度、方向等做出改变。

同样，人类也在做这种不规则的运动：

①人和花粉颗粒一样，水中是人类世界，在这里我们比喻成职场的一个简写。

②人在生命中遇到某些人、某些事、某个工作机遇大多数看似是随机的，和花粉粒一样，但也有一些规律可循。

③花粉粒的撞击和运动轨迹是因为力学的作用，而人类不仅是遇到某些东西，更重要的是人对此事的心理反应和主观努力。反应越大，就像花

粉粒一样，改变人生的轨迹的力度就越大。

大公司和小公司，好工作和孬工作都是你迎面而来和你产生碰撞的“颗粒”，至于经过这次撞击后你的走向如何，你的思想和行为起主要作用。

来看一个案例：

A 和 B 是从小一起成长的好朋友，大学毕业后，B 进入了外贸公司，高薪还经常出差，工作以外就攒钱旅游、吃喝享乐。而 A 却在小城市找了一家小公司做广告。后来，外贸行业发展不好，B 的工作前景黯淡，工作出现了很大的瓶颈，而 A 却在小城市的小公司锻炼了过硬的销售能力，来北京应聘到四 A 广告公司，当上了销售总监，过得有声有色，赢得了很高的社会地位。

如果把 A 和 B 比喻成花粉颗粒，那 A 的小广告公司和 B 的大外贸公司，都是“力”，在人生的布朗运动中，外力所起的作用远不如个人在受力后自身所起的心念变化产生的作用大，效果明显。A 正是对于自己高要求的努力，才使事业生活逐步走向正轨，并且薪酬、社会地位双丰收。B 却在该吃苦的年纪享福，领着高工资吃吃喝喝，别人享福的时候再吃苦却也赶不上了。

所以，一毕业就进大公司未必一定是好事。起点高，未必就是结果好。

人生的“布朗运动”一刻不停！

我们无时无刻不处在这种“布朗运动”中，不过在刚毕业不久，效果不明显，五年后，是一个特别明显的阶段，甚至是一个分水岭。正像女人的相貌三十岁之前是靠基因，三十岁之后靠自己一样。人的命运，毕业五年前靠老本，五年后就靠自己了。毕业时，有人靠着家庭关系进了大公司，好单位，这种有利的“力”顶多可供你受用三四年的时间，接下来如何要看你自己了。有人靠自己应聘进了名不见经传的小企业，可是，经过个人的努力，三四年后，势能积蓄到一定程度就会爆发，扭转乾坤。这个时候，谁是黑马，谁是人才，谁有本事，基本可以下定论了。

活着永远别幻想一步到位！

“一步到位”是众多毕业生找工作时的追求，然而，人生哪有那么多“一步到位”的事情，更不会有什么一劳永逸的事。这就像“布朗运动”，我们不会知道自己下一刻会遇见什么，因而，无论我们进什么公司，都是看得见开头，看不到结束。任何我们所追求的东西都必须一步一步地去积累。所以，作为找工作或正在为自己进行职业规划的你，永远都别幻想一步到位。

假如你毕业后进了大公司——

假如你一毕业就被父母或机遇安排到了体制内、国企、银行等大公司，你千万不要像有些人那样混日子：每日正常上下班，从来不用加班熬夜，过着钱多事少离家近堪称“完美”的生活。这只会让你堕落成一文不值的人。

相反，你应该提高自己的专业能力，学习大公司的先进管理经验和做人法则，为以后到更高的平台施展或到小公司锻炼积蓄力量。

假如你毕业后进了小公司——

假如你毕业后进了小公司，更不能懒惰，试想一下，无数比你优秀的人都依然在发奋，而资质平平的你还有什么理由不去努力？贪图安逸，只能让你被甩在后面，并且被越甩越远。

另外，千万不要被自己的第一份工作所定型，因为你完全可以比自己想象得更出色，每一个人的未来都具有无限的可能性。想让自己在竞争中处于更为优势的地位，就必须努力让自己变得更强。因而，小公司的“小”绝对不是一个人无法让自身强大的理由。

身处小公司，你自己可以搭台子唱大戏。有时间就学习一门外语，考一个证书，读些有用的书，去培训机构进行突击，甚至哪怕连兼职都会令你更有收获。

因为除了努力，你一无所有。

毕业后五年内如果没有努力，五年的差距才刚刚开始，后面的时间差距将更大。所以，从现在开始努力吧！

03 刚毕业，最怕你眼高手低，自不量力

很多年轻人对工作不满，对老板不服，是因为总感觉自己“下嫁”了，不进个世界 500 强，不给个一官半职，真配不上自己那一纸学历一身才艺。据调查，有 75% 的人认为自己怀才不遇。

这种心态会让你一直处于悬空状态，更加怀才不遇，无所成就。

套用一句印度民谚：毕业后，无论你进了什么公司，都是好的公司；无论你遇到什么工作，都是适合你的工作；无论你遇到什么人，都是对的人。你唯一要做的事就是收收心，好好干。

别太拿自己当盘菜了。

邻居家小孩大伟大学毕业后被某企业录用，上班一个月后，他“自愿失业”成了“坐家”一族。问其原因，大伟说：“每天辛苦工作近十个小时，每个月才拿千把块钱，这样上班有什么意思？”像大伟这样宁可失业，也不“屈就”的大学毕业生不在少数。

真服了这些小鲜肉们，就业形势这么严峻，还这么“甲方”！

这些宁肯啥都不干也不到小公司上班的牛人都活在幻想中，认为自己

是有几分身价的。尤其是名牌大学的毕业生，总有种出身名门的优越感。这种心态很不合时宜。您要知道，随着时代的进步，我们的高等教育正在从精英教育转变为大众化教育，大学生已不再是所谓的“天之骄子”，而是普通的高等教育接受者。身份转变了，其就业的定位也应该随之改变。大学生在找工作的时候应该及时调整心态，只要劳动，都是光荣的。只要能学到东西，都是难得的。

你根本不像你认为的那么牛。

“你的专业被吐槽了吗？前不久，一组领导与员工关于专业问答的搞笑对话在微博热传：

“小唐，听说你大学的专业是土木工程？”

“是的，领导。”

“那好，去帮我把那堆砖搬过去。”

“领导，请你尊重这门专业，土木工程是……”

“请你谈谈大跨径缆索承重桥梁非线性空气静力稳定理论。”

“领导，砖在哪？”

很快，这则奇葩的“领导问专业体”被开发出了生物、环境工程、医学等几十个专业的不同版本。曾被自己专业狠狠虐到的工科技术宅，入错行无法学以致用的文艺女青年，为找工作天天海投赶场的应届生们，都从对话中看到了满满的无奈和笑点。各位亲，看到此对话后您有什么感悟？有没有心虚的感觉呢？你总觉得自己读了个一本二本的学了个热门专业就很了不起了，或者你又读了个硕士博士就高人一等了，你货真价实吗？真给你确切考核是骡子是马拉出去遛遛你就真腿软了。”

据调查，仅15%的职场人认为自己学到的专业知识对就业和工作有很大的帮助。既然如此，就别再拿着科班出身在职场上看不起这个看不起那个了，别再对领导安排的活挑三拣四了。

实际上，再底层的工作都有成全自我的可能。

实际上，不管是卖猪肉也好，“端盘子”也罢，无论在什么行业、岗位上从事什么工作，只要踏实肯干，都能发挥出专业特长。如果期望值过高，有业不“就”，对工作挑三拣四，只能是荒废了学业，浪费了青春。

一位名叫王纯的名牌大学应届研究生，在就业屡次碰壁之后，他选择了到一家四星级酒店当“行李员”实习生，每天 5 点起床，帮客人开门关门、接送行李。然后又去一家五星级酒店客房部实习，每天打扫房间、更换床单、清洗马桶。3 个月的实习生活后，他的勤奋刻苦、虚心好学最终为他赢得了五星级酒店的录取意向，随后很快被升任为行政助理。大学生如果一时找不到理想的工作，不妨像王纯那样，退而求其次，放下架子，从底层做起，未尝不是一个明智的选择。

即使真的怀才不遇，也是你自己的问题。

许多人抱怨自己“怀才不遇”，而事实上则是其在工作上没什么建树。既然在工作上没有建树，如何让别人认可你？换句话说，别人没有看到你的“才”，你又如何让别人去“遇”呢？

为了改变这种情况你应该努力把才华施展出来，亮出来。

还有一种怀才不遇的情形是现在的公司暂时用不上未来才能用上的才，那你需静下心来研判：未来是多长值得我去等待吗？如果值得我去等待，我该如何从当下出发做好现在的工作呢？当你把这些问题想清楚后，也许就会静下心来安心工作，不会动不动就感叹怀才不遇。

无论如何，我一直坚信“是金子总会发光的”，因为你的才能是一种现实的存在，你现在的老板或许能忽略它的存在性，却无法磨灭它的存在性。假如你既不反思，也不分析，只是一味地抱怨怀才不遇止步不前，那你自己就磨灭了它的存在性。

04 想高升，少数人适合做鹰，多数人适合先爬行

巴尔扎克有句成功学名言：想升高，有两样东西，那就是必须做鹰，或者做爬行动物。升高就是指成功，而鹰是指那些天赋异禀的人，爬行动物是指那些没有良好的天赋，却很努力，坚持的人。这句话就是说如果你没有天赋，那么就脚踏实地，勤勤恳恳，一样可以成功。

大部分人都资质平平，爬行到一定程度自然飞行。

人中龙凤少之又少，大部分人都是资质平平的人，想飞黄腾达，就要从爬行动物做起。踏踏实实，从平凡的岗位上，一点一滴，不停磨砺自己。实现职业理想是一个漫长的积累过程，它就像盖房子，首先要做的就是把地基打好，然后再一块砖一块砖地垒实，然后再一层层地盖下去。长此以往，你会发现一座大楼已经在不经意中一天天地盖了起来，那时候你会欢呼：啊！原来成功是水到渠成的事情。

这样简单的道理，从古到今，智者一直在不停诉说。

生活在春秋时期的老子早就说过“千里之行，始于足下；不积跬步，无以至千里；不积小流，无以成江海”。

海尔集团首席执行官张瑞敏也曾经说过类似的话：“把每一件简单的事做好就是不简单，把每一件平凡的事做好就是不平凡。”

很多功成名就、实现了自己人生愿望的人都是从头做起，从最底层做起，一步一步地迈向成功的彼岸。

野田圣子是日本的邮政大臣，出自名门望族，但她刚参加的第一份工作却是到东京帝国酒店做服务员，更让她万万没有想到的是，上司竟然把她安排到宾馆的卫生间受训——让她洗厕所。

这是她有生以来第一次擦洗马桶，当她趴在马桶边洗马桶时，几乎要呕吐了。

这时，一位前辈正好看到了她的狼狈相，这位前辈走过来接过她手中的清洁器具把马桶仔仔细细地洗了一遍。然而，接下来让她更没有想到的情境出现了。前辈洗完马桶后，竟然从马桶里盛了一杯水一饮而尽。

前辈的这一举动让她十分震惊，从此，她真正明白了应该用什么样的态度来对待工作。就在受训的最后一天，野田圣子清洗完马桶后也盛了一杯马桶里的水喝了下去。

许多人都会因为自己被安排在底层而觉得委屈，认为在底层的自己没有施展才华的地方从而永远被埋没。事实上，产生这种想法是他们没有认识到一个基本的事实：职业本身没有贵贱之分，职业的高低之别是来自人为的划分。

成为一个合格的管理者的条件是拥有一线的工作经验，拥有基层磨炼的经历，没有这些，即便成为管理者也必然会不称职的。所以，想要成功的人不该抱怨自己的工作平淡无奇，更不该因为自己做着基层的工作而闷闷不乐。俗话说得好，即使是人中龙凤，不接地气，也无法稳固江山。

我还想多加一点，即使你是鹰，也需要伏地而行。在古代，皇帝微服私访、体察民情，才能制定良好的治国之策。企业管理上也是一样，很多优秀的企业家都喜欢从最基本的工作做起，喜欢做小事。微软（中国）总裁唐骏的经历就说明了这一点：

唐骏在微软，就喜欢做小事。从 1994 年进入微软一直到 1997 年，唐骏在微软总部所做的第一份工作就是当一名软件工程师。后来，因工作出色，他才被委派到上海成立了微软（中国）技术支持中心。此时，唐骏仍然秉持刻苦勤奋、从底层做起的精神。到 2002 年 3 月，仅 4 年半时间，微软（中国）技术支持中心便从最初的 27 人发展到了 400 多人。随后，3 月 20 日微软（中国）公司总裁兼总经理高群耀辞去总裁职务，唐骏便于 3 月 26 日正式被微软总部任命为微软（中国）总裁。“我在进入微软之前，其实已经拥有了 3 家公司，但我还是决定从微软的软件工程师做起，如果我一开始就说要应聘总裁的职位，比尔·盖茨肯定认为我脑子坏掉了。”这是唐骏的自我认知。

除了唐骏以外，刘强东每年也都会抽出一天时间亲自送快递，你看，人家都成鹰了，还不忘每年“爬行”一下呢，咱们这些小人物，更不该高高在上了。不要看不起底层的工作，不要看不上小公司，不要对小事情避而远之。

05 为什么那么多创业英雄都败走麦城？因为他们积淀不够

现如今，自主创业受到了越来越多的热血青年的青睐。然而，理想很丰满，现实很骨感，创业成就的只是一小批，大批的创业青年都在创业这条路上撞得头破血流。

大部分的创业失败不是因为点子不好，而是因为积淀不够。

许多创业者都天真地认为，只要有个好的点子，能拿到投资，外加激情与运气，都可以变成下一个马云或马化腾。因而，许多创业者都是在毕业之际便走上创业之路，殊不知，创业成功的真正关键在于：团队、经验、执行力。

创业者不仅需要专才，更需要要有多方面的经验，懂得专业技术知识还不够，还要懂管理、运营、市场。许多失败的创业者都是拥有过硬的专业技术知识，但对管理、运营、市场一窍不通，从而在创业大军中昙花一现。

另外，创业团队非常重要。乔布斯说过创业的成功在于团队，尤其是创业者是否能找到 5 ~ 10 位聪明勤奋、三头六臂、彼此互补的团队。而一个没有经验的创业者往往无法吸引这样的一个团队。有一位年轻创业者，有着很好的点子，但是无法吸引一个团队，陷入招聘的泥沼中。后来一个比他有经验的人很快地找到团队，做出产品，抢到先机，最后他只有面临倒闭的命运。

最后，在创业期间，执行力比点子更重要，而执行力只能经过参与来学习，因此再聪明的毕业生也不可能一毕业就一步登天。

当然，也许会有人说：微软的盖茨、Facebook 的扎克伯格不都是大学还没毕业就实现一步登天了么？事实上，他们虽然都没有毕业，但却都是有经验、有执行力甚至有团队的。先来说说盖茨，作为编程天才的他，发明了世界上最快的排序算法，他还有着极高的商业天赋，早在高中时他就创立了盈利的 Traf-O-Data 公司。并且，他不是自己创业，而是和保罗 · 艾伦一块。而扎克伯格则更是电脑天才了，他从 11 岁开始就研究如何用 C++ 编程，在中学时期，扎克伯克便已经能够制作出让微软和美国在线愿意以几百万美元收购的音乐播放器，而在大学期间，扎克伯格也曾创建过多款与社交相关的网络产品，这些都为其日后打造 Facebook 打下了基础。另外，扎克伯克也并非自己单打独斗，他的创业团队有四位优秀的哈佛学生，他们分别负责市场推广、资金筹集等。因而，盖茨与扎克伯格的成功表面上看来十分容易，实际上这些成功依然得要靠不可缺少的经验、团队及执行力。如果你也拥有盖茨或扎克伯格那样的才学、团队、执行力、经验，那么也许你也会成为下一个盖茨或扎克伯格，否则还是不要毕业之后就去创业。

先去小公司打工参与创业，再开始创业。

虽然才学、经验、团队和执行力都不如盖茨或扎克伯格，但是还是想去创业怎么办呢？许多人会说：先就业，再创业。这个想法的确值得参考，你也的确可以加入一个“未来你想要创立”的公司，从中学习运营之道与成功之法，经过几年的磨练的确可以进步很多。

当然，也有另外一种情况，那就是很多在大公司里做了三五年的优秀员工，刚入行的时候抱着充电的小计划，但是慢慢地，当他们得到了优厚的待遇和提升，也习惯了朝九晚五的安稳生活的同时，也失去了小的激情和动力。

所以，如果你真的很确定你要创业，也许你应该找一个更好的培训场所。

这样的培训场所就是一个初创公司，我的建议就是：先参与创业，再主导创业。你可以去咨询那些公司有生气勃勃的创业环境和企业文化，有经验又值得做你的楷模的领导者，业内被认可的产品和方向，优质的投资者。创业公司的步伐很快，每个人都需要参与公司的各个环节，因此，学习比较有针对性。或许短短的一年，你就可能学到在大公司要好几年才能学到的东西。

该加入什么样的创业公司学习呢？越小越好。

记住，最好进入小于 100 人的公司，因为这样可以确保你能学到初期创业的氛围，并且也不会成为一个螺丝钉。李开复的创新工场为了给大家提供这样的“参与创业”机会，曾开启了目标 150 人的校园招聘计划，想要招募的就是想先参与创业，先做工程师， 学习创业，然后再主导创业的社会新人。

那么，这个过程需要多久呢？这取决于你所在的公司，在一个适合你发展的小公司中，你甚至会为自己的成长速度感到惊讶。在规模较大的公司里，爬到领导层可能需要十几年甚至几十年的时间，然而在小公司里学习历练，你也许只用花费两三年的时间就能够在经验、团队、执行力方面都达到可以独自出来创业的程度。曾经有个从浙江大学毕业的女研究生进入创新工场投资的“魔图精灵”团队时，是一个青涩但是充满激情的助理产品经理。六个月过后，她学习了许多知识、掌握了许多能力，这是在学校所无法完成的，她的潜力得到了充分的发挥，她不但在产品设计上学到了很多，并且拥有了用户体验、海外推广及商业谈判的能力。很快，她便成为了这个项目的负责人。

但愿类似的接地气的成功案例能够唤醒那些在假想的蜜罐里做梦的年轻创客，让他们选择回到苍白的世界里看到清晰的现实。

06 真正有本事的人，绝不介意去小公司玩一次“深潜”

你把一条项链分别送给一个穷人和一个富人，当得知项链是假的之后，他们会有什么反应呢？穷人会大发雷霆，富人却不会。为什么会出现两种截然不同的反应呢？因为穷人不够自信，底气不足，内心孱弱，好面子，才会耿耿于怀；而富人有自信，不心虚，也不会猜测别人有恶意。

在职业发展上也存在同样的情形，真正有本事的人有刻在骨子里的自信，他们对境遇，公司大小这些形式上的东西全然不在意，他们在乎的是学习，随便把他们放在什么地方，他们都能造成一个有利于自我发展的殿堂。

能人眼里没有逆境。

我认识一位大哥，一直在省内各层级的电力部门任一把手。在父老乡亲眼里，他是个很有能力的官员。去年，他突然主动离职卸任，跑到北京当北漂，在一个小投资公司打工。对此，人们议论纷纷，多数人认为他是不合格被撸了，还有一部分腹黑论者认为他是贪污法办了。其实完全不是，他已经年过五十了，他只是想换一个领域试试水性，重燃激情。

这位大哥的转型，让我想起了腾飞的企鹅。南极大陆的水陆交接处，全是滑溜溜的冰层或者尖锐的冰凌，企鹅身躯笨重，没有可以用来攀爬的前臂，也没有可以飞翔的翅膀，如何从水中上岸

纪录片《深蓝》，详尽地展示了企鹅登陆的过程：在将要上岸时，企鹅猛地低头，从海面扎入海中，拼力沉潜；潜得越深，海水所产生的压力和浮力越大，企鹅一直潜到适当的深度，再摆动双足，迅猛向上，犹如离弦之箭蹿出水面，腾空而起，落于陆地之上，画出一道完美的弧线。

这种沉潜为了蓄势，看似笨拙，却富有成效。

我大哥就是这只上岸的企鹅吧。

有魅力的人生何尝不是如此他们善于深潜，以退为进，在“退”与“隐”中内向、内省、锻造灵魂，于无声处听惊雷。

还有另外一个朋友，毕业后一直在中建某局北京办事处任职，从工程师开始做到高管，去年被降职去了济南一家小建筑公司，众亲们都为他表示惋惜：工作换了，地方也换了，这些年真是白熬了。唯独他自己总是乐观地说：“我是革命的一块砖，哪里需要往哪搬，在哪都行，干啥都无所谓。”

他并没有对降职一事耿耿于怀，而是抱着学习的态度欣然接受。现在，他又被调回北京分公司这边任“老大”了！

这次“下放”后的“高升”不是他争取来的，而是在这次“下放”过程中，领导看到他不仅做事到位，尤其在济南历练这一回，做人也更成熟了，完全可以胜任“老大”的职位。他自己也说，不到济南府沉淀一回，根本不懂得人情世故这么重要，也完全意识不到过去的这些年自己的苦恼

是因为不会有效沟通。现在，他技术有，沟通会，管理懂，当然堪以重任了。

通过以上这两个熟人的成功案例，我就想，情场上，有能力幸福的女人，嫁给谁都幸福；职场上，有本事的人，无论在什么公司，都能创造奇迹。

“深潜”也是最伟大的管理智慧。

在商界，通用电气的董事长杰克·韦尔奇堪称是最伟大的老板之一了。他的管理智慧最著名的就是“深潜”领导。

若干年前，在读《杰克·韦尔奇自传》时就对第十四章“深潜”，印象非常深刻，在以后的职场生涯中也受益良多。在此，我想和大家分享一下我的几次深潜经历和对深潜的理解。

第一次深潜是在我刚加入口腔医疗机构做策划总监的时候。作为一个没有任何医疗服务行业管理经验的外行，我的一些想法和建议总是碰壁，被指为不切合实际，甚至被嘲笑。有一段时间，我甚至非常沮丧，也就是在这个时候，领导建议我去小诊所办公，多去了解我们的医护人员，了解他们在想什么，在做什么，一线的医护人员是我们管理者最终的客户，我们只有深入地了解客户，才能满足客户的需求，所有的文案和推广计划也才能有的放矢。

那一次，与其说是深潜，不如说是被发配，因为开始的时候，我是有点心不甘情不愿，多少还有点被逼的成分。开始的半个月，我的主要任务就是观察，对照X光片读病历，那段时间我总共看了五百多份完整客户病历。慢慢地，我感觉自己已经成了一名牙科医生，已经开始主动用医生的思维来思考一些问题了。

接下来，我利用所有时间和医护人员交流，尤其是我们的资深医生，和他们探讨如何制定治疗方案以及如何与患者沟通。所谓“无知者无畏”，我什么问题都问，包括他们认为浅显得不得了的问题。

后来，我开始做起了兼职前台客服，主动和主任、护士长和前台主管讨论就医的流程和改进方案，探讨我的烦恼和困惑。到此次“发配”结束，短短的 3 个月时间，我已经成了一名合格的客服兼职人员。这次与其说是深潜，还不如说是在接受我们一线人员的培训和“再教育”。经过这次深潜，我了解到了客户的想法和需求，为此后制定推广方案和管理方案打下了坚实的基础。

正是有了这次深潜，有了老板和众多同事的帮助和再教育，我才从一名策划人员成了一名从事医疗服务管理的职业经理人。那是我打工职业生涯中最辉煌的时刻。

所有我们过去的辉煌既可能成为我们的财富，也可能成为我们的包袱。这也就要求我们放下身段，随时深潜。做个小学生，从头学起，唯其如此，才能深入了解一个行业的特殊性和本质，才能够取得成功。

07 5 大原因说服你，30 岁之前一定要去一次小公司

朋友的女儿，才华横溢，从杜克大学金融专业硕士毕业，她不进像摩根斯坦利那样的名企，也不进老爸的家族企业，而是进了一个刚起步的小公司。

朋友们都说她疯了，老爸老妈都觉得她是在耍酷玩个性。可是一年后，当大家看到她非但没有荒废所学，反而练就了更专业的技术，不禁开始钦佩她的睿智。以下是她自己总结的 30 岁之前要去小公司锻炼的五大原因。我想她已然切中了要害，所以拿来与大家分享。

我承认这里面带有偏见，同时我也确信加入成熟大企业一样会有很多好处。如果你恰好想要加入一家刚起步的公司需要一点过来人的鼓励，我希望下述观点能给你一些启发，也可以告诉你的朋友和家人放弃一个看似前途无量的职位并不愚蠢，你不是一个人在坚持。

第一、小公司会充满激情！激情是神赐的竞争优势。

我是受激情的感召来到小公司的。

激情是命运的火种，人没有激情一事无成。

什么是激情？我特别喜欢Steve Blank在费城大学的毕业致辞中的定义：“是求知欲和热忱令你为人瞩目并让你的生活多姿多彩。(It’s your curiosity and enthusiasm that will get you noticed and make your life interesting.)”我认为这就是激情的真谛和魅力。

当我还在华尔街实习时，环顾四周的办公室我不由得陷入沉思：“我的竞争优势是什么？每个人都是那么的精明干练而且兢兢业业，不是吗？”我很快发现那些胜任本职工作的人都对金融市场充满了激情。虽然我觉得金融是有些意思，但跟同事们相比我对它并没有足够的热忱和求知欲，所以在华尔街的世界里我并没有竞争优势。但对技术和小公司我是有激情的。如果可以在一家正在成长的公司工作，我将会用它作为我的优势。

一个验证你对现有工作是否有激情的绝妙方法就是玩自问自答游戏：你很盼望周末吗？你下班回家后会把工作彻底扔到九霄云外吗？当听到别人讨论某个相关问题时你的耳朵是否马上就竖了起来？你是否感觉强迫症似地发问并认真倾听答案？这就是激情，它承载了你的竞争优势，并且驱使你工作，哪怕在并不需要这么做的时候；驱使你思索新招儿来对付顽固问题，哪怕是当别人都在关了手机和亲朋好友忘情地欢度周末的时候。

第二、小公司助你成长。在小公司干俩月，胜过在成熟企业干一年。

在刚起步的公司干上一年相当于在其他任何地方工作七年。Paul Graham在《黑客与画家》一书中写道：“你可以通过加入小公司来将你的整个职业生涯经济地压缩至几年。与其浑浑噩噩地撞四十年钟，不如全力以赴地打拼四年。” 对于一个摩拳擦掌的年轻人来说，小公司可以为其职业发展提供难以匹敌的机遇。很自然的，在高速成长的小公司里，工作总是比员工多。这就必然造成大量的员工“伸展”成“长鼻猴”，长成

“巨人”。我的意思是说你会被安放在一个也许你还没准备好的位置上，而这却是最好的学习途径。

公司频繁变化总是发生在其最初阶段，而当其步入正轨后则会按照既定的模式运作。所以，作为公司的早期员工，你将会在这种演进的前排就座。对于你来说，无论是职位还是在公司中的角色地位都会在快速的步伐中做出调整。从这个角度上来说，在小公司供职总能够有意想不到的额外收获。

第三、大企业的职业惯性绝对会让你慢慢麻木。

许多人认为有大企业任职经历能够降低自身的职业风险，也就是说有了在大公司工作的经历，就相当于给自己的简历镀了层金，即便以后因为某种原因无法在大公司继续工作，也可以很轻易地被小公司“抢走”。事实上，职业的变换是个十分复杂的事情，一个人在一条路上走得越远就越难转向。最终，职业惯性会压倒一切，会让从业者变得麻木，从而很难到其他领域中去，并且是双向性的，换句话说就是你不愿接受参与到其他领域，而其他领域的公司也不愿意接受你。

第四、先参与再自主创业！小公司是最佳学习场所。

我很清楚自己的价值定位，就是创造有“我”的记号的公司。这种向往能够借助在小公司工作将抽象变为现实，但工作在小公司所带来的影响却着实难以描述。在进入现在的公司工作之前，我一直琢磨着创立一家公司，但无非是一种“纸上谈兵”，我所考虑的所有事情都仅限于理论。而在一家刚起步的公司里工作，可以让我观察这家公司的日常运转，同时帮助我从具体的视角来审视如何创办自己的公司。什么样的员工值得重用？什么样的企业文化可以兼具激励和人性功能？如何令新员工高效上手工作？对这些问题我还没有完美的答案，但这些问题却困扰我多年。在加入公司之前，我甚至都不知道该问些什么的。

在一家小公司中，你拥有近距离观察甚至接触创业团队的一举一动的机会。而这是在大企业所不可能实现的，因为在大公司的你与公司创业团队相隔好几个管理层。任何人在工作中所学到的东西多半来自近距离的观察与亲身的尝试。所以，一个无法与将公司塑造成型的人接触的人很难成为一个合格的创业者。

第五、丰富阅历！小公司里有多样而丰富的历练。

在一家成熟大公司，你的岗位和角色是已经设定好的。你的工作习惯和步骤与走掉的那个家伙所执行的完全一样。但在小公司却不一样，很多时候都是你来定义自己的角色，而且没有两个人会有同样的经历。如果你看到一个问题并找到了相应的解决方法，那么你很可能也就全权负责处理这个问题了。而这正是关键所在：你将全权负责，没人会精确地告诉你，你的工作该怎么做，抑或是拉你一把。在大企业的相同位置上，职场菜鸟们就不大可能会获得同样的职责历练了。这种观念对一些人来说是令人无比兴奋的，而对那些终生混迹在巨擘名企中的人来说则是超级恐怖的。

如果这些想法激励到你，那么它将带给你难以置信的回报，无论是在工作上还是在生活上。

第三辑
扒一扒大公司的缺点，破除你的迷恋

01 除了你自己，谁也不能给你想要的安稳，大公司更不能

除了先前所说的虚荣心，进大公司好听、长脸之外，你们像蛇打洞一样抓着大公司不撒手，根本原因是一味地追求安稳，说白了就是缺乏安全感。

追求安全感是一种本能，因此选择大公司对于许多人来说也是本能驱使。大公司长期屹立不倒，于是进入大公司就像鸟儿躲进了大树，可以在很长一段时间里依仗大树挡风遮雨。本质上来说，这种选择意味着抗拒变化，躲避风险。

我不敢上来就说大家抗拒变化、躲避风险是对还是错，在讨论这个问题之前，需要进行时代背景分析，搞搞清楚。

我们生活在什么时代里？

如果我们依然处在一个吃大锅饭，缺乏创新以及社会心态趋于保守的时代，那么我们最正确的选择就是抗拒变化，躲避风险，因为我们所获得的一切都得来不易。

与过去相比，我们正处于一个快速变化，充满机遇和风险的时代。这样的时代就决定了人们要去冒险和创新，甚至允许那些看似疯狂和荒谬的梦想存在，那么选择抗拒变化，躲避风险的观念就是错误的。

你本以为可以凭着仅有的一点优势维持生活稳定，但是很快你就会发现，社会的急剧变化会让你手足无措，你现在的所得，和你因此而错过的机会相比，会让你抱憾终生。在这样一个日新月异的时代里，抱着只进大

公司的观念不变就像是在一棵树上吊死。

我们转过头去看看20世纪80年代最早下海的那批人。他们南下广州贩卖牛仔裤、太阳镜和磁带，一开始觉得那是风险极高的事情，但很快就发现那简直就是天上掉馅饼，他们很快发家致富，赚到数十万乃至上百万人民币。

在那个连万元户都很少见的时代里，这些钱够他们安安稳稳和家人过两三辈子。的确，有些人还真是那么想的。如今，他们中还有几人过着衣食无忧的日子，还能够买得起房子。

90年代去买股票的人呢，利用双轨制拿批文倒腾紧缺物资的人呢，去借贷砸十几万开出租车的人呢，砸锅卖铁出国刷三年盘子带着坚挺货币回来的人呢，2000年开始炒房炒兰花炒藏獒炒普洱炒玉石炒文玩的人呢？我没有任何批评质疑大伙的意思，只是在叙述一个事实：过去二三十年间，有多少机会曾经出现过，有多少泡沫曾经破灭过；也是在印证一个道理：世界上就没有一劳永逸的事。

想明白这一点，你就别做进大企业过无忧无虑的生活这样的美梦了。这个梦，早醒早好。

安稳不是求来的，是靠自己挣来的。这就和女人的安全感一样，只能自己给，不能找男人要，因为要不来，越要越没安全感。你要主动求变，你要创新，你要变得“Better than Better ”。而盲目地待在大公司，只会把你变成一个“活死人”——有呼吸，但没有生命力和竞争力。因为你技艺单一，适应性奇差。

02 在大公司里待长了，思维僵化，变成“机器人”

大公司是如何把你变成“活死人”的？

第一步就是扼杀你的创造性。

和很多朋友聊天，他们感叹在大公司里面推动创新产品非常艰难。在互联网行业，往往大公司做创新产品做不过小公司，对此，我有这样一些思考：

（1）制度扼杀了创新的可能性

众所周知，大公司的人事制度、财务制度、公司文化、业绩考核等方面往往是非常严格的，从公司考勤、请假、调休、财务报销、请款流程、人员招聘到公司运维都有一套严格的管理程序。这些近乎苛刻的制度对于大公司的运营很有必要，然而这样的环境往往会扼杀员工的创新思维。

周先生在某大传媒集团公司做销售，给客户送礼物需要审批，自己领提成需要审批，这一道道关卡简直堪比唐僧取经——要经过部门领导、子刊总编、子刊财务、集团分管领导、集团财务层层审批。最后，暴脾气的周先生直接撂挑子走人了，省的跑这些流程了。

类似这样的案例不胜枚举，每天都在上演。鉴于这样的制度，创新型团队是无法在这种公司环境下生存下来的。这种严苛的制度模式，只能培养出模式化的员工，如果想要提高自己的创新能力，还是别进大公司的好。

（2）把流程当作工作本身

乔布斯曾经说过这样的话：“公司规模扩大之后，就会变得因循守旧，他们觉得只要遵守流程，就能奇迹般地继续成功，于是开始推行严格的流

程制度，很快员工就把遵守流程和纪律当作工作本身。”相信任何一个在大公司待过的人都会有这样的感慨。

“流程是个好东西，能够防止人重复犯错；流程又是个坏东西，会给你带来犯错的恐惧，一旦这种恐惧围绕着你，你就会更看重流程，忘记事情的本身，忽视产品的问题。什么样的内部机制能快速应对外界的变化？过于僵化的肯定不行。

过度管理的管理者最善于制定流程，用流程来管理流程。他们会把流程变成一套复杂的系统。一家公司之所以变复杂，流程‘功不可没’。”

（3）创新项目资源投入不足

许多人都认为公司大、平台大，投入资源就多，每个人就能分到更多。而事实则是：平台大人就多，人多则项目多，由此，你还会认为你会分的多嘛？

其实，一个项目的成功所需要动用的资源，不是简单的砸钱和砸人，而是需要所有相关职能部门紧密配合起来为共同的目标而努力投入资源。一个项目组砸几个产品设计，砸几个研发，砸几个运营那不叫资源投入，你总不能自己配市场人员，自己配销售人员吧，项目的最终成功也需要仰仗其他部门的配合。

我有一个简单的论断：跨部门调用资源是低效率的，凡是体制内创新，如果不是老板亲自调动各个部门配合，就别指望跨部门配合、产生创新型产品。

其实，创新型产品中蕴含的感性超过了理性，教条式的数据分析永远无法涵盖微妙的用户感受。无论是小平台还是大平台，搭载平台和拓展产品之间是否存在某种情感上的关联才是决定新产品能否更好地融入既有的平台中去的关键因素，而这种情感上的关联需要资源去衔接。

综上所述，想要在大公司的体制内进行创新是一件极为困难的事情。

千万不要以为苹果公司的创新是大公司体制内创新的个例，实际上，苹果公司之所以能够一次又一次地完美地创新奇迹，是因为苹果公司在本质上是一家大型小公司，注意，它是一家大型小公司。这一点是其他大公司没有做到的。

03 形式主义严重，时间都用来“扯闲篇儿”了

时间是宝贵的；时间应该浪费在美好的有价值的事情上。我们都青睐于这样的时间运用法则。可是很遗憾，在大公司，你总是被“谋财害命”——无穷尽的扯皮、开会、斗争，都是再正常不过的了。

在大公司，你总是“被开会”吗？

我曾经受不了一位领导总是开会，然后，工资也没要，就任性地离开了那家公司。

那个领导是个受计划经济体制影响深重的女人，我们那个单位又恰恰是机关的下属企业，很吃形式主义那一套。

一年到头，我上司的工作就是领受指标，然后分产到户，也就是分摊到我们每个下属身上，剩下的时间就是开会了。

我不仅做策划写文案，还领受销售任务。她每天都要给我们开会。最奇葩的一次是，她早上给我布置了任务，要我在中午之前写出文案，可是她给我开会就开了一上午，我连午饭都没吃才挤出一个半小时的时间做文案。但是，一个精美的案子要酝酿，要形成思路，再落实成文，哪里是在一个半小时的时间内可以完成的？

为了尽快找到感觉，我会抱着笔记本去附近的星巴克，自掏腰包喝苦

咖啡，憋稿。

在被这么“玩”了三次后，我就把她“炒”了。

后来我去了一家小公司，我们那个团队简直就是“梦之队”，做事儿刷刷刷，利索得不行——遇到问题赶紧开会，会开完了弟兄们立马儿行动，齐心协力，三下五除二就把事儿漂亮地办了，根本没有内耗——多爽！这种执行力也是没谁了！

现在，有好多在上市公司工作的朋友常对我抱怨说，他们根本没有时间干正经事，时间都被领导撕裂开扯闲篇儿了，最常见的形式是开会。开会，听起来多么严肃的话题啊，好像在搞群策群力的大事，实际上，在大公司被管理层扭曲成敷衍公事的常用工具。

会议是大公司管理者应付公事的利器！

绝大多数大公司管理者的工作都是过度的，这话一点都不夸张，有些管理者甚至把管理本身当成唯一的工作任务，更有甚者，只盯着上一级主管的喜好做事，糟糕至极。

管理并非不重要，但如果管理者投入太多精力在管理上，没人盯着产品的话，慢慢地，大麻烦就出来了。

马化腾曾经说道：“我们发现一个部门或者一个事业部，甚至一个小部门的领导会非常热衷于管理，确定架构、指定谁负责什么、开会、确定KPI、定期考核，虽然这些也很重要，但这真的是最重要的事情吗？”

其实，这是所有大公司都有的问题。

给团队提供服务是管理者的职责之一。如果管理者只重视团队成员是否能更听话而不能让团队更好地工作，那么这个管理者便失去了存在的意义，或者说这个管理者只能带出没有活力的团队。

开会会极大地降低个人的工作专注度！

人的精力是有限的，一个人过于关注形式的时候，关注内容的时间就少了。有个创业者告诉我，在创业初期，他只需要做好一个产品，追求一个目标，那个时候工作并不忙，每天有大把的时间思考怎样把产品打磨好、怎样把社区运营好，做事情的专注度非常高。现在他在一家互联网公司负责管理60个人的部门，每天事情多得忙不过来，要分管网站产品、研发、社区运营、系统运维以及网站客服和内容审核等职能团队，每天处理部门人事、行政、管理、业务、绩效、招聘等事情至少要忙半天，占据了90%以上的工作时间。现在回想自己当年有大把的时间可以琢磨产品，觉得好奢侈，真想再回到从前。

让我们把目光投向职场，看看大公司里面的那些产品经理和工程师们，他们从早到晚在开会，从上班开到下班，工程师想写代码都得留到晚餐以后才能写。一位职业培训师这样感叹道："因为忙碌，无法专心，一心好几用，大公司做事很难去用心，员工可支配的时间越来越少。"

把有限的精力分配到零散的点上，就没法集中精力做事，在这种情况下，怎么可能做出好的产品呢?

04 在大公司待长了，狐假虎威，误把平台当本事

人贵有自知之明。

可是，大公司很容易让你变"贱"——变得没有自知之明，平时仗着大平台狐假虎威惯了，不知道自己几斤几两。

在某杂志社工作时，某保健品牌是我们的客户，我曾随业务人员多次去该单位谈合作。接待我们的是负责品推的小伙儿，那是我见过自我感觉最好的一个人，仗着自己的职责权限，耍大牌耍到极致，对我们出言不逊，各种傲慢目空无人。记忆最深的是他说：你们能见到我那真是你们的荣幸，

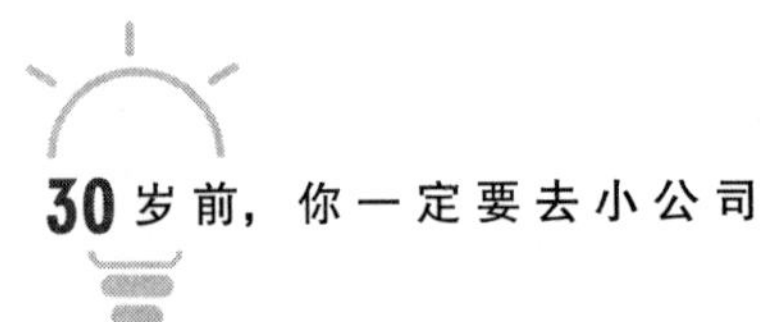

连北京卫视、山东卫视的主持人谁谁谁找我我都没见她们。

明明他们老总和我们说好的事情，到他手上也得折腾许多遍。我们的业务人员提起他都恨得牙痒痒，曾私底下说，这孩子最后得摔死。

不出半年，这个混孩子真被“摔死”了。被办公室政治挤兑出局，因为人缘太差，人品太坏，再就业都成问题，后来四处委托我们帮他留心好工作，也没人理他。

可笑的是，这种仗着自己的工作单位作威作福的人多得是。

01

《乔家大院》是一部比较经典的电视剧，剧里的孙茂才就是误把平台当本事的典型代表。孙茂才本来穷酸落魄沦为乞丐，后投奔乔家，为乔家的生意立下汗马功劳，享有功臣地位。

孙茂才自负地以为，乔家的生意蒸蒸日上，他居功自傲。后来，他因为私欲，被赶出了乔家。 孙茂才想投奔对手钱家，钱家对孙茂才说了这样一句话：不是你成就了乔家的生意，而是乔家的生意成就了你！

很多人常常拎不清，误把平台的影响力当作自己的能力，误把平台的成功归功于自己的本事。直到离开后才明白，原来之前盲目高估了自己的实力，厉害的不是自己，而是原来的平台。

02

朋友圈里，很多人都喜欢晒人脉，“这个网红我认识”“那些大咖，我都有联系方式”“我和某某明星的经纪人吃过饭”……

这些也只不过是因为工作上的关系，结识了一些大咖。

“大企业的人，似乎很容易感觉自己自带光环。出去谈合作，别人一听你是某某公司的，必然和颜悦色地好好伺候。因为平台好，工作上结识的人脉优质，时间长了，会不自觉地滋生几分多余的自信来。说白了，就是把平台带来的红利，错当作自己的魅力。

我认识不少在媒体工作的姑娘，有的人跑采访，动辄采访那些创始人啊、CEO 啊、副总裁啊，这些是必然要发朋友圈的，往往还带着几句类似于‘收获满满’的感悟。CEO 顺便请吃个饭，有姑娘坐在别人车里拍了张自拍，写在脸上的幸福骄矜，发朋友圈告知群众们‘某某 CEO 还开车带我去吃饭呢’。

相比之下，一个前辈的低调和清醒让我十分钦佩。因为工作原因，她七年时间都在做一线作家的访谈，接洽的都是作家富豪榜榜上有名的人物，她却写下了这样一段话用以自省：

长期对话大咖带来的虚无自信心应当克制。衬托他人光芒只是锦上添花，并不能照亮自己前路。”

聪明之人，清醒地明白，哪些是自己的能力，哪些只是自己所在的平台带来的福利。

03

许多时候，你的风光如意，你的万事恒达并非是因为你能力强，而是因为你所在的平台好。

曾经有一个写出过数十篇 10 万 + 爆文的游记作者，他曾调侃说：“我告诉你创造一篇 10 万 + 爆文最简单粗暴的方法——把文章发在百万级别的大号上。在百万级别的大号上，你通篇只写“哇哈哈哇咔咔”也能轻松 10 万 +。”

诚然，10 万 + 的阅读量在百万大号新媒体上是十分常见的，一个在百万大号新媒体的小编写出了篇 10 万 + 便觉得自己天赋异禀、实力超群不得不说是件可笑的事情；而在金融杂志做采访记者，与几个大咖亲密有过接触便自我感觉好到爆棚也是完全没有必要；在公关公司工作，手上握着一张 excel 表格的网红资源就觉得自己手握高端人脉则更是掩耳盗铃……

虽然说得有点夸张，但仔细想想，身边这样的人还真不少。

04

朋友准备离职，交了辞职报告又忧心忡忡：唉，离开这家公司，很多我现在认识的人，恐怕根本不会搭理我了。

其实，不是没人搭理她了，而是没了这个平台，没了这些人，她再也没法自拍发朋友炫耀了。

有些人手上带着大量资源兴高采烈地跳槽，那这比原来公司多出好几千的工资，三个月后，手上的资源被现任公司套干净之后，其自身对公司再无价值可言……

还有人从原来公司跳出来之后才发现，之前轻易拿到的客户，现在需要努力争取；之前无须费力维持的关系，如今需要如履薄冰地维护。

这才明白过来：原来，厉害的是平台，而不是自己。

所以，仗着大平台拿来的资源，其实没什么好炫耀的。毕竟，离开了这个平台，你还剩下的东西，才是你真正的本事啊。所以，必须特别嘹亮地提醒他们：千万别把平台当本事，要自带光环才能魅力无限。

05 在大公司，你无法实现自我提升，它的格式化会抹杀你的天分

还有进步青年说：在大公司里更能实现自我提升。

嗨嗨嗨，你又犯糊涂了。大公司是最容易让人丧失天分沦为平庸的地方。下面这段文字很能说明一些问题：

“彼得·杜拉克在回忆录《旁观者》这本书中提到当时《时代》的CEO鲁斯邀请他到时代担任编辑，但他拒绝了，他拒绝的理由是他觉得“鲁斯招募了很多高天分的人才进入《时代》，结果这些人一旦加入，一生就再也写不出什么著作，甚至在离开后也是。”这是因为鲁斯的风格使然，他讲求“团队新闻作业”，要求每个人都只需担负其中一项工作，且要符合特定的标准，不论是文章风格或者是用字遣词，都要具备“鲁斯风格”，也因为如此，那些具备天分的人才，进入《时代》就会开始接受这种制度的规范，写同样风格的文章，做相同的事情，有类似的职涯规划，这些人才们应该会不甘于这种平淡才对，但偏偏《时代》给的薪资又很优渥，这些优秀人才们就在这种薪资的诱惑下葬送了自己的天分。”

大公司鸡贼的架构销毁了你的专业能力。

和《时代》的“鲁斯风格”一样，很多大公司都有这样鸡贼的架构。

大公司最大的特点就是分工细致，权力分散，流程控制。

比如说办公室换一个灯泡，也要向行政部提交申请，然后你凭领料单去物管部仓库领灯泡，再等着行政部送来一名电工，一名梯子控制员，一名拧电灯员，以及一名废旧物资回收员——别笑，你看我像是开玩笑的样子么？大公司里业务必须划分为各个环节，才能保证每个环节上无论有多少人来去，都不会影响到业务进程。业务必须分为多个分支，每个分支设立监管者，才不会让权力过于集中，严防一个管理者就能毁败整条业务线。

试想一下，一个人在这种机构之下究竟能够学到多少业务能力呢？你所从事的工作只是某个环节某个流程上的一点，一旦换一家公司或换一个部门，如果对方的流程和分工发生了变化，那么你引以为傲的业务能力便毫无用处，甚至连对应的职位都不复存在。

没有从头到尾独立完成某一项业务，就谈不上了解一项业务，也就谈不上什么专业能力。既然没有这种能力，你要提升什么呢

当然是提升自己的业务水平。无论在哪里工作，都能够满怀热情地认

真执行命令，不带任何感情色彩。加班，补锅，背锅，写总结，写 PPT，甚至在电话会议上有条不紊地和其他部门扯皮，这些都是属于工作能力的范畴。

这也许算是一种能力，但它的本质是如何和人打交道，在哪里都能学习得到，未必需要去大公司。即便去了大公司，学不会的还是学不会，却沾染了每句话里夹杂英文单词的恶习。

大公司为了维稳会故意牺牲你的天分。

大平台不仅无法提高你的业务能力，还专门谋杀你的天分，让你更加平庸。可以这么说，它不允许你拔尖儿，你一拔尖儿，就威胁到平台的稳定了。

许多人都去过寺庙，寺庙里那些佛像坐在莲台上，在石头莲台下面，往往会雕许多龇牙咧嘴努力举起莲台的金刚力士，这就好像个人和平台的关系。

大家走进庙宇之后首先看到的都是诸佛菩萨的庄严宝相，而很少有人会注意到渺小的金刚力士。虽然诸佛菩萨大小不一，造像各异，但是所有的金刚力士却形状如一的龇牙咧嘴。莲台与地面的距离就是这些金刚力士的身高。他们一定是一样高，没有哪个金刚力士会比其他的更高，因为如果哪个金刚力士刚过其他的金刚力士，莲台就失去了稳固。

许多大公司招人的时候也会如此，尽量招收能力 80 分以上的人才进来。把 80分的人勉强拔到 90 分用，同时，把 95 分以上的人也压制到 90分，从而保持一致和稳定，形成合力。因而，90 分以下的人觉得工作十分吃力，而 90 分以上的人则有种受到压迫的感觉，自己的才能得不到发挥。对于大公司来说，保持稳定的 90 分就已经足够碾压对手了，因而不需要某一个人进行发挥。就像指挥军团进行万人搏杀一样，不需要有超级英雄去拼杀，只需要所有士兵重复地举盾——前进——结阵——突刺便可以把敌方撕碎，关键在于所有人都要做到整齐划一，思想和行动与其他人保持高度的一致，不要产生更不能应用任何的妨碍整齐划一的想法。

因而，进入大公司的你千万不要因为自己的高薪和工作表现而自满，因为你只是在一个高度定型的“框架”中做着你作为公司一员所必须做的事情，你必须还要更进一步知道“框架”形成背后的原因，努力做一个能跳脱框架或者制定框架的人，而不要只做框架的追随者从而使自己的天分被埋没。

06 在大公司里做事不易，做人更难

通过以上的分析，你大概能明白了在大公司做事真心不易。那么，做人呢?

看我口型：更累。

每个人都讨厌办公室政治，累心耗神，可是，又都无法挣脱它。尤其是在大公司工作的人。

假如你心思单纯，一心只想做事，不想处理纷扰复杂的人际关系，那么，大公司绝对是你的地狱。因为，大公司的政治，注定水深。

当政治这个概念延伸到办公室里的时候就是企业内部所有成员在权力、利益分配上的一套成文、不成文的规则和机制。由此，办公室政治很容易在大企业滋生，成气候。大公司人多，领导层多，等级森严，部门多，部门壁垒牢固，可以说，一个主管，一个部门，都是一个小团队，很容易牵掣，有矛盾和摩擦。所以，大公司的行政体系注定是办公室政治的温床。

大公司老板天然地需要办公室政治。

你深恶痛绝的办公室政治，却是老板管理公司、分配权利的一把“镇尺”。

咱们就以办公室里的小人来说，让你恨得牙痒痒，可是，却一直绵延

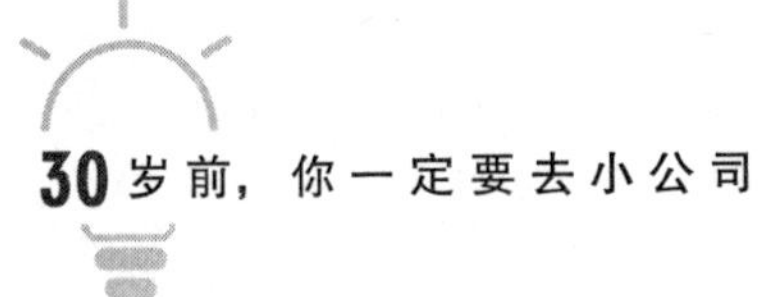

不绝，你有没有想过，他们是领导故意设置的“钉子”？

公司高层自然不会不知道“小人”的作为，然而存在就有其合理性，正是因为有公司高层或老板的认可和接受，更进一步的来说，“小人”的存在能够满足老板各个方面的需要。那么，作为一个企业老板，对办公室政治具体又存在哪些需求呢

老板的需求一：出于管理的需要

办公室政治绝对是老板管理艺术的一部分，公平和稳定只有通过几股力量的相互制衡来实现。我遇过的很多大公司老板，和古代的帝王治国一样，帝王最害怕大臣们团结，齐心协力，那样他的政权就岌岌可危。同样，老板也害怕下属们心齐，那样就会对抗他，威胁他的地位。所以，大领导需要中层领导们互相掐架，一方面迎合了他的“统治”需求，另一方面来形成“鲶鱼效应”，彼此刺激、成长、进步。

另外，办公室政治也是领导获得基层信息的主要通道。很多高职位的人，都是在办公室政治中寻找自己的亲信，包括老板在内，都是这样做的。他们需要听到基层的想法，需要了解员工的动向，哪个家伙对公司不忠，哪个家伙对自己敌视，他们需要掌握这些信息。

老板的需求二：出于间接处理人事问题的需要

老板的话在公司里自然是一言九鼎，然而，并不是所有的话都适合老板自己亲口说出来的。因为企业管理中有许多玄妙之处，许多时候都必须进行曲线表达。这种时候，就需要有人分析老板的潜台词，然后再把老板的真实意图传达下去。

关于人事问题，大公司里的玄机更多。对于老板看不顺眼的员工，出于种种原因考虑，很多时候，老板不方便直接来处理这些人事问题。这个时候就会有人站出来做恶人，替代老板做这些员工辞退降级之类的事情。

老板的需求三：出于老板个人的需求

老板也是人，也存在着这样那样的矛盾、问题、苦恼，需要有人来理解他，安慰，与之沟通。人的存在和价值，是需要别人来认定的。

老板的这些需求自然也是需要有人去发现并满足的。对于一般员工来说，以努力工作实现自身价值从而为企业价值贡献力量是其工作的目标所在。而“小人”则是以老板本人的需要作为工作奉献的目标所在。从这个角度来看，许多老板重“小人”轻才子的缘由就不难理解了。“小人”一如既往地会得势得宠，而这很容易中伤一心做事的员工。

办公室政治也是员工个人需要。

古希腊哲学家亚里士多德在两千多年以前就说，人生来就是政治的动物。之所以如此，是因为人是利益动物，都有功利心，尤其是在职场上，不就是为了混个名利来实现物质和精神价值的双丰收吗？别掩饰，没谁比谁更高尚。

在大公司里谋功名，可不是埋头把活干好就行的。因为你离大领导很远，和你差不多的人太多，你要进入领导的视野，你要让你的成果得到认可，太不容易了，有些大老板，一年你也见不到一次，你干得再好，很容易就被顶头上司给“做掉”，你还不能越级上访，还不能告状，要不然，即使大老板心知肚明是上司黑你，出于大局和管理的考虑，他还是会牺牲你。

所以，你需要讨好上司，需要站队，需要拉帮结派，连横合纵，需要挖空心思接近大 Boss。你需要好好研究心术！于是，找靠山、玩人际关系就成了大公司的基本法。

在小公司里，事情就没这么复杂了。虽然我们不能说小公司里根本不存在办公室政治，但最起码要比大公司里“水浅”。因为办公室政治的深度和公司规模成正比，假如公司只有你和老板，那很好，你俩就相依为命，有了好处不会有人和你抢。假如公司里有三个人，你就难免想多了，这个新来的和老板什么关系，老板会不会对他比对我好？你俩还有可能联合起来搞老板。假如你们公司有四个人，一个老板三个员工，那好，两个人很容易结盟。拉帮结派，孤立第三个人。于是，政治更诡谲了。规模越大，政治性却强。小公司人少事多，生存 Flag 高高挂，不出活就走人，时间成本和培养成本是相对较高的，员工往往对公司发展都举足轻重，谁出活谁当红。

07 年纪轻轻，干吗要在大公司沦为“螺丝钉”？

大学毕业求职，安安被一家著名的跨国公司录用，佳雯只能屈就一间小公司。安安喜不自禁，佳雯略感委屈。

安安每天挤地铁，穿套装，就像标准的公司白领。在这家大公司里，安安觉得自己就是流水线上的一个零件，随着非常有规律的流程运转，周而复始，天天如此。

而佳雯是一间小公司的出纳、秘书兼行政助理，穿休闲装还是套装没人规定，基本上她得视当天的工作状况而定。因为，她每天的日程不定，从公司注册到开银行户头，同文具商、家具商、展商或者广告商讨价还价，与物业管理处、税务局、工商局打交道，到处寻找打折机票，给客户订合他们心意的酒店，甚至给老板买晚报，帮老板娘到“稻香村”门口排队买糕点等。整天跑来跑去，佳雯觉得自己像一个打杂的。偶尔做些会议记录、回复信函、资料翻译的时候，她才有一点白领的感觉。

两年之后，安安的公司裁员，安安非常倒霉，名列其中。安安忽然发现，离开了大公司的流水线，自己似乎一无所长。她的确非常“专业”，但安安从事的这份专业在当年的职业市场上并不走俏。安安换了一家小公司，原以为自己出身“大家庭”，应付这样的小地方绰绰有余，没想到自己如同刚刚入行的新生，没有了流水线，她还真的不知道从何做起。

而佳雯重新去招聘中心的时候，发现自己跟两年前真的不可同日而语，同什么人都能聊出道道来，非常胸有成竹，对她感兴趣的单位不少。想起当年自己进小公司时，有经验的长者曾经安慰她道：“小公司更能锻炼人。”不知从什么时候开始，自己已经成了职场“万金油”，佳雯想起来就欣喜不已。

以上案例中，安安虽然去了大公司，但也只是大公司的一个螺丝钉，根本没有机会掌握核心技术，更不具有不可替代性。换句话说，安安能做的事情，路人甲乙丙丁都会干。

大公司的岗位和人才特点要求你就是个“螺丝钉”。

①分工细，例如产品会被详细地划分为B端和C端，而C端又会被分为用户研究、行为分析、竞品分析、用户体验、场景化设置、功能设置、项目协调、子模块分解等。级别不够的话，通常没有产品整体逻辑框架。

②具备点和线的经验，缺乏面的积累。大公司通常产品已经成熟，大的方向试错已经完成，要求员工只需要在此基础上修修补补即可，不会有机会去思考产品原发性的问题。这就形成员工在某一细分领域很精很专，但全过程、全领域的经验欠缺。

③因为你进的是大公司，比较成熟，通常没有经历过公司和产品的整体生命周期，知其然，不知其所以然。就像一个人会开车和修车。会开车的人很多，却很少有人会修车。修车的人一定是懂得汽车的制造原理和系统功能的。

所以，大公司的岗位和人才特点要求你就是个螺丝钉，甚至是越小越好。反倒是小公司需要多面手，但是很多人不屑于去小公司。

大公司在用人上越来越霸气侧漏。

现在这个社会，人才流动很快。能力强的、聪明的人，虽说给公司带来过不少利益，但也经常给公司带来很大的伤害，做几年就远走高飞的人太多了。他们的离开给公司造成了很大的缺口，很多地方都要好久才能补上。总之，元气大伤。

这种情况的频发使得大公司不得不采取应对措施了。他们很快便总结出了一条放之四海皆准的信条：不能让公司太依赖人才，而应该让人才依赖公司。由此，管理层的最终作用由服务于员工工作变成了努力让公司离开谁都无所谓。由此，管理层把各个部门划分得很细很细，每个人负责的东西很单一。如此一来，员工的工作经验得到了充实的积累，工作效率也大大提高了，工作都流程化了。整个公司的运作也随之流程化和标准化了。

然而，这种流程化与标准化所带来的结果就是员工的工作就变得单调了，工作中没有太多的创造性。创意有人负责了，可靠性和稳定性也有专人做了，因而你只需要按规矩做好自己所负责的事情就行了，于是，对公司来说，谁都不重要了。

总的来说，现在规模越大的公司，分工越细，对人才的要求就越低，螺丝钉的不可替代性越小。

因此，大家一定要有个明确的职业发展方向，不要以为进大公司了你就前途一片光明了。在大公司里做事，积累工作经验只是一方面，想要有突破，要靠自己业余深造！不然，路会越走越窄的。

08 这些公司和部门，再大也不要去

CBD式的写字楼，高端大气上档次的办公环境，高档零食饮料的无常供应，丰厚诱人的福利报酬，完善的薪酬系统……

这些都是大公司的标签，除了这些，大公司的标签还有简明扼要的工作汇报文档，清晰美观的PPT，专业的邮件，规范的代码，详细的工作流程注释……

的确，大公司的确能够给你提供舒适的工作环境，高起点的发展平台……然而，大公司里有的可不止这些，还有你所看不见的，而你所看不见的，都是对于你来说巨大无比的坑，而这些坑，你一旦跳进去就很难再爬出来。

这样的公司再大都不要进

这样的公司再大也不要进，听听资深职场大拿们的分析，你就知道为什么了。

①浮躁激进型

一般来说，浮躁激进的公司犯错的机会更大些，老板的一冲动可能就会毁掉你珍惜的工作。浮躁激进的公司通常表现为疯狂扩展，到处开分公司，到处挖人。看一家公司能否长远发展，一定不要看当下他们有多么火红，要冷静地想想他们的商业模式能不能长远。

比如前几年的团购正火的时候，各家团购网站疯狂招人，一天就会新增几十上百个新面孔，而没过了多久，纷纷关门大吉。高峰时，几千上万家的团购网站，目前大部分已经销声匿迹，现在还有声音的只剩下十来家了。

②家庭作坊型

这类公司主要由家庭成员组成，各种利益纠葛。你进入这样一家企业，将不会有更大的发展空间，所有的利益部门都会被这个家族企业里的成员担任，你做到底也是一个职业经理人，不会成为主人翁。

③口碑很差型

假如一家企业口碑很差，总被负面报道，也要谨慎了。有一家公司加班很严重，名字我就不说了。我一个朋友的弟弟偏要进去，结果真就累出个三长两短来了。还有一个企业的老板很色，我的一个女同学不听劝，偏要进去，结果差点被非礼哦。

若是一家企业，媒体和百姓普遍反映差，那恐怕一定病入膏肓，还是别冒险了吧。

④投机倒把型

这类公司以钻法律政策漏洞来获得盈利空间。比如一些博彩网站，一些打色情擦边球的网站，这类网站短期内效益可能很好，但这不是正经生意，一旦被查处，不仅会丢掉工作还可能断送你的前程哦。

大公司的这些部门千万不要进

一旦你去了大公司的这些部门，基本就没前途可言了！

①被边缘化的部门

大公司会下设很多独立的事业部，但各个事业部地位是有很大差距的，有的事业部业务开展得好，待遇也好，有的事业部运营的是即将被抛弃的业务，因此待遇会很一般。业务开展好的事业部可能年会发宝马什么的，边缘化的事业部可能顶多就是一起聚餐，边聚餐还得边算计经费是否充足。

②人事斗争激烈的部门

人多是非多，大公司人多嘴杂，油水又多，一旦涉及利益分配，难免会有各种人事斗争。部门与部门之间，同事与同事之间，领导与下属之间，人事斗争渗透在每个角落。而人事斗争必然会涉及站队的问题，一旦你判断失误站错了队，炮灰便非你莫属。而又恰巧你是个单纯的孩子，很可能被卖了还帮着数钱。

③老员工太多的部门

不经过多年的发展积累，一家公司很难发展壮大，而公司发展到一定程度，便会有很多跟随公司多年的老员工。如果你的部门有一半以上的老员工，基本你就与升职无缘了。很多大公司的升职都是论资排辈，如果你没有过人的才智，是绝对不可能得到升职机会的。

看了这些，你依然一心想要进大公司么？你还愿意在这个极为容易搞人事斗争的公司里去攒你的首付，还你的房贷，挣你的环球旅游费嘛？（如果你真能办到的话）如果你的答复是肯定的，那么你很可能什么抱负都实现不了，什么都得不到，因为单单是人事斗争便能将你的精力耗光殆尽，到时候你也许只有哭的份儿了。

第四辑
晒一晒小公司的优点，小公司并不像你担心得那么糟

01 小公司身上有了不起的基因优势

美国《商业周刊》评选出了全美“100 家发展最快的小公司”，在过去三年里，这些小公司的销售额平均每年增长 28.7%，利润增长 61%，而列入标准普尔工业综合指数的 500 家大公司，其销售额和利润却分别是 10.3% 和 −23.8%。也就是说，小公司的资本回报率平均达到了 15.4%，而后者却只有 6.9%。

如此骄人的业绩，让大公司们很没面子。

小公司为啥能以小博大，赢得众筹，让大公司自惭形秽?

这和我们评价一个孩子学习成绩好有教养时往往会说他基因好一个道理，小公司能做到小而美绝对不是凭借几个热血青年颜值小鲜肉嘚吧嘚吧就决定的，而是小公司血液里有伟大基因：他们满怀激情而且执着坚定；他们独具个性但对市场判断又极为敏锐；他们还懂得拒诱惑，专心致志只做一个产品，或者是全力以赴地去经营一个项目。以下是小公司之所以能够以小博大、成为“小巨人”的几个主要原因：

①创意思考

在无数小故事中我们看到，一个小公司所拥有的，仅是一部电话、一台电脑，或者一些其他不太费钱但是能使公司显得更成熟的设备，创业者的主要精力，则放在思考市场上。这些人无一例外地拥有这样的特质：善于发现身边人群的需求，并利用自身优势创造出独特产品。

“我能做、我喜欢做、市场需要我做”，专注于独特而专业的产品。

由于无力与巨头抗争，那些成功的小公司所做的事情，要么是发现蓝海，要么是在红海中寻找蓝海。而这不正是每个企业家最应该关注的话题吗？

②迅捷的研发

有句俗话说得好，“九个女人也没有办法在一个月里生出一个孩子”。因时因地，团队协作有时候并不能加快工作，反而可能降低效率。

有关的研究一再证明，规模小而专注的团队总是比大而官僚的团队行动更为迅捷。显然，挑出四个天才组成一个团队总是比随便挑选二十来个普通的人组成团队更难，也更具风险。这也是很多大公司不善于推出创新产品的原因之一。

大公司倾向于建立一套冗繁的系统来减少研发风险。而小公司则无须如此，自己雇一两个人就可以完成一项研发项目。新创公司由此而在研发上更为迅速和专注，影响深远的新创意在小公司里层出不穷也就不足为怪了。

③对品质的不懈追求

没有接受过电视或杂志的访问，从没做过什么广告宣传，店面狭小朴素，没有停车场，出售的商品只有两种，在这家只有30多名员工的小公司里，还雇用了3名残障人士……中小企业的种种不利因素差不多都在日本东京一家名为“小竹”的街边糕点店体现了出来。尽管如此，这家只有两个榻榻米大小的店面，却创造了超过3亿日元的年销售额。从1969年至今，每天一大早，“小竹”门前总会排起长队。

“小竹”能够拥有今天这样的成果，是因为“货真价实”：小竹的老板从父亲那里通过30多年的学习，保证了传统口味的延续。不受经济形势影响，不盲目追求流行趋势，力图保持品质。

④精益求精的态度

不知道大家有没有听说过一家“离上市最近的打印店”——荣大快印。一个小小的打印店如何做到全国第一？普通的打印店很难知道一个证监会官员希望看到怎样的材料，但在荣大，店员从项目建议书到招股书制作，都有丰富的经验。更有甚者，客户在一些程序上的小疏漏，也会被打印员发现并指出。它垄断了全国90%的上市申报材料印刷市场，甚至被誉为中国资本市场的风向标：如果灯火通明，通宵达旦，则说明市场火热；反之，则情况不妙。

像这种了不起的小公司，为我们展示了小公司安身立命的“专业精神”：不求公司做到多大，但求产品和服务做到最好，持之以恒，以致无人可以超越。

02 小公司简明的管理优势让它们活力爆棚

上一节说的是小公司的基因优势，是软性的、内在的，而硬性的、外在的优势则是管理简单、高效，没有大企业病。

没错，小公司活力爆棚。而这种活力，得益于其管理优势。

我接触的第一本经管类著作就是《杰克·韦尔奇的管理之道》，那时候，我就被小公司的管理优势深深吸引。

杰克·韦尔奇被誉为“管理学之父”，他说，最好的管理是不管理。他还这样称颂小企业的美德：“小公司有序、简单、不拘束。小公司充满激情，对官僚主义嗤之以鼻。小公司不乏好点子——好主意不问出处。在小公司里每个人都被需要，每个人都得参与，奖惩的依据是每个人对企业的贡献。”

这也许是小公司最令人心动的地方：小、简单、美。

简单至极可以让小公司出神入化

在日本极具名气的 A-one 精密是小公司的组织运行典范，为世人验证了无组织的惊人效率。

这家公司，包括老板在内共 13 人，订货基本通过传真和电话，没有质检部门……但在近四十年的时间里，经历石油危机、汇率震荡、泡沫破灭等逆境打击，每年依然能保持超过 35% 的毛利率。接下来让我们通过业界权威媒体对 A—one 的介绍来了解小公司为什么能够通过简单至极而奔向至伟的成功。

A-one 精密创建于 1970 年，主要生产超硬弹簧夹头，市场占有率高达 60%，拥有 1.3 万家国外用户，2003 年在大阪证券交易所上市。在 2007 年，该公司的创始人梅原胜彦获得日本企业家奖之前，获奖的都是软银的孙正义、优衣库的柳井正这样的大人物。

小企业要是能够做到行业的领先者，必定是在一个细分领域有出色表现，成为隐形冠军，这已不必多言。但因为小到极致，A-one 在管理上也充满了反传统的理念：

首先看看 A-one 的惊人效率。因为人少，所以 A-one 一年开会的时间加在一起不超过 30 分钟，很多的交流都是在现场站着就说了。A-one 的产品质量好，但是它最强的优势却是交货的快速。大企业一周或两周的生产时间，在 A-one 只需要 1 ~ 3 天。梅原胜彦说："事实上，当天下午 3 点前所接受的订货，70% 都可以在当天内完成并配送。实际上，要做到 100% 交货也是没问题的，但这么一来，第二天上午就没事干了。"

A-one 从接受订单，到工厂开始作业，中间间隔不到 5 分钟，而且中间过程不是依赖于 IT 系统和网络，而是依靠手写的传真。因为人员少，品类少，所以生产过程不必经过大企业必须的生产排期、物料管理、交货期管理等诸多流程（这些都被梅原称为"制造业多余的管理"）。几个人打个电话，或者拿着传真跑一圈，几分钟内就开始生产。为了缩短交货周期，A-one 甚至省略了质检的步骤。按照梅原的理论——只要认真经过每道工序，产出的就只会是高质量的产品。

更不可思议的是，作为一家微型制造商，A-one 竟然在有限的资源制约下，同时拥有自己的销售网络。这一战略不仅使得从订单到制造到发货这一系列流程都是自己在做，没有中间环节，提高了发货速度；更重要的是，它还摆脱了被销售端控制价格的困境。梅原在说明公司高收益构成的时候，总会说明 20% 利润来自制造，15% 来自销售部，所以才会有超过 35% 的毛利率。

在 A-one，员工不仅是终身雇用、不需要打卡，还可以分享公司盈利，梅原更是提出了一些离经叛道的说法。例如，在 A-one，他倾向于招收外行员工，因为“便于培养”，目前 A-one 每天操着英语的海外销售主管，最开始都是附近的家庭主妇。

A-one 没有组织和头衔，因为“大家都明白彼此的能力水平，所以没有必要硬是赋予什么头衔之类不自由的东西”。这使得公司准备上市的时候，梅原和证券公司产生了很大的分歧。在证券公司看来，没有组织就不能明确责任，但在梅原来看，所谓明确责任本身才是奇怪的。责任没有必要让人来负，工作上的责任由公司来承担就行了，否则，以后就没有人去挑战困难的事情，公司就会失去活力。

03 不怕你个性，只要你出活儿，随你怎么耍

恃才傲物，有才的你不爱约束，讨厌层级，蔑视权威，很好很好，来小公司吧。小公司可以无限满足你。只要你有才，能干，出活，你迟到早退上班嗑瓜子发呆打盹儿那都不是事儿。

我哥们儿开着一家广告公司，可是他那个文案，我一开始是真看不惯。

太个性，太牛。太不懂人情世故。

她跟着老板出差，一点应酬场面话都不说，看你顺眼给你个微笑，看你不顺眼当你不存在。

饭局上滴酒不沾，别管你甲方谁谁谁，打死都不喝。

绝对不加班，任凭你老板急死，你这单子搞不定明天就关门，她也绝不加班。

时间很自由，迟到早退从来不处罚，每个月大姨妈来那几天，都在家办公。上班可以喝咖啡，可以跑出去逛花园逗猫遛狗，和一朵花对话，还可以自拍。

年假绝对是关机，从人间蒸发，别说老板了，连亲妈都找不到她。

每次带她出差，我哥们儿都要和对方预先打招呼，说我这个文案是地球第一号女奇葩，除了会写字会写文案之外，她什么都不会，你们都拿她当空气就好。

但这并不妨碍他们互相成全。

她有才，工作能力强，文案写得妙笔生花，什么风格都擅长，而且又快又好。可以在三个小时的时间内，拿出一本让两岸三地的开发商都啧啧称赞的楼书。话说回来，这样的能力和效率，人家根本也用不着加班不是嘛。她的工作能力反而对老板提出了高要求，你要学会规划，明确表达要求，不要让我做无用功，不要让我手足无措。

她从来不嫌弃公司给她的工资低。她知道自己想要什么：宁愿牺牲金钱多赚点自由。但这并不妨碍她的收成。她在一个小公司待了十年，文案无数，阅人无数，身在市井，心在真空，积累积累，愣是积累成一个财经作家。

而我哥们儿的公司，也得以以白菜价，雇用了超强金牌员工，成为业内翘楚。

因为关系很铁，我哥们儿说她：换个地方你根本工作不下去。

她也回敬道：你这价格也就只能买到我这样的呆萌小白痴。傲娇的品牌，亲民的价格。

这样的上下级关系，我只在小公司看到。

其实，我自己就是个比较有个性的人，想当年，我的求职信息上，每一份都写上：能力非凡，人品过硬，对公司忠诚，非诚勿扰。没有百分之八十以上的意向，绝不要骚扰我面试。

所以，我去的，也多是小公司。

小公司不怕你个性，就怕你不出活

大公司才不问你是谁呢，制度就是制度，宁肯让你出局，也不让制度扭曲。

为了出活，为了激发员工的创造性，保持小公司的活力和高效，小公司还会故意营造自由宽松无等级无边界的氛围。甚至可以自由到没有老板没有领导凡事都商量的自由松散的状态。

维尔福软件公司就是这样的小公司。《华盛顿邮报》IT版专栏如是介绍：

“维尔福软件公司也经常宣扬办公环境的优越性，如高品质的浓缩咖啡，免费的按摩和洗衣服务等。在这里，只有一样东西是不配备的：老板。这家公司甚至连经理或指定项目也没有。300名员工自己负责招聘同事，从事自认为值得投入的项目。公司的灵活性用眼睛也能看见——可以随意地滚动到选定的地方，形成一个工作区。

公司没有上下级关系，工作时间也由员工自己决定，还能把事情做好吗？事实上，这家以开发电子游戏而著称的公司，是唯一一个同时进入全球游戏开发和引擎研发前5名的企业。风靡全球的射击类游戏《反恐精英》，正是出自其麾下。

在维尔福公司，也没有职位升迁的说法，只有新项目的出现。决定薪酬的办法是，雇员们给自己的同事打分——不包括自己——把票投给他们认为能够创造最大价值的人。此外，每个员工都可以参与人员招聘的过程，并由团队集体做出决策。解聘发生的情形相对较少，但流程是一样的：由团队共同决定是否解聘表现不好的成员。

公司的每个项目，都会出现一个没有名分的项目经理。格雷戈·科门，这位在维尔福从事产品设计16年的老将认为，‘如果没人领头，那通常说明这个项目根本不值得做’。当同事在是否保留或报废一个产品上有不同意见时，就由市场决定。科门说：‘当我们真的不能达成一致——那真的很罕见——我们会将之推出，看看谁是对的。随着时间推移，也许证明我们做错了，我们的消费者知道，即使我们搞砸了，也会将之修复的。’”

这家公司强调的是“自然领导力”，某个员工从来不固定的属于哪个组织，每一个人都可以根据自己对产品与市场的看法，随时随地召集项目小组。而每位项目的领头人，都是在组织、酝酿、执行创新产品过程中自然产生的。在这个“微型的民主国度”中，没有世袭或任命，需要的是领头人必须能够用自己的专长、经验、工作声望去吸引追随者。”

你看，在所有优质的小公司，仿佛只有一条纪律：出活。出活就是硬道理，只要你出活，随便你怎么耍。因此，小公司的老板更睿智，更宽容，他珍视你的才华，也包容你的个性。当你在为自己的一身刺而忧虑时，小公司会温文尔雅地说：来吧，宝贝，我包容你的一切。

能包容你缺点的，都是真爱。看我手势，快去吧，快去吧。

04 在小公司里，可以实现老板出钱，你当老板

这标题乍一看有点别扭。逻辑是这样的：老板出资设立公司，但让你当老大，你说了算。

老板出钱，你能当老板，你随便创意，你有人事权，话语权，决策权等老板的一切权力，出了事老板担着。人间真有这等好事吗？

有！我朋友老刘就开着这样的一家小公司。

老刘的公司是个小型文化公司，手底下只有常驻人员五个。但编外的却有一大批。

去年给员工交了住房公积金，换了大办公室，员工也纷纷买房。现在经济环境这么不好，好多行业的商人都在裁人降薪吃老本，他怎么就能逆风飞扬呢？哥们儿太神了。我问他经营秘诀，他死活不说。倒是有一次和他的员工闲聊，无意中透露了秘密，员工说：我这回招的两个编辑可把我坑了，我自罚，这个月奖金不要了，给我口饭吃就行。

我惊呆了，大家都嫌弃工资少，哪还有老板不扣自降工资的？

他说：老板这么信任我，我们老板太好了，真的，我绝对不忍心让他吃亏，是我自己用人不当，我理应担当。

哦，原来是，老刘只带领五个固定员工，撒丫子随他们想随他们干，只要有想法，大胆提，一块讨论，进行头脑风暴可行性分析。通过的话就上项目。你招聘什么人发多少工资你报个数就行，老板照办。

赚了钱大家分。赔了算老板的。

我的天呢，还有这样的好事，这简直无法让人相信。

更地道的一点是，你有好下家你随便走，走了混不下去了随时欢迎你回来。这里就是你的娘家。只有你不要他的份儿，没有他不要你的份儿。

这么一了解，我都想去老刘公司好好打工去了。

确实，小公司员工的存在感强，话语权大，能当家做主。

小公司的老板容易放权。为什么？因为人少，要想挖掘每个人的潜力，必须有自己独特的激励机制。尤其是面对90后新人，物质激励所起的作用远不如精神激励有效。物质奖励固然对90后员工有一定的吸引力，但这种吸引力对于大部分生活条件优越的人很难产生持久性影响。

90后是一批神马人？

很显然，相较于前一代人，90后成长的环境更加殷实，基本的生活需求生存和生理上的、安全上的需要都能被轻易满足，而社交上社会的认可、他人和自我的尊重以及一种自我成就感，才是他们这一代人需要优先考虑的因素。

如果一份工作不能拿出去在朋友圈晒；如果工作成果不能让顾客和老板满意；如果一份工作因上司的支持力度不够而不能做到最好；那么这份工作对于他们是没有吸引力的。

所以，激励机制的核心思想是要体现企业对员工的重视，满足他们的价值需求，所以激励的方式可以灵活多样，这点特别适用于非常重视存在感和自我价值实现的90后员工。还有什么比让员工说了算，给他们放权更能满足他们的自我价值?

以上这些，都是老刘亲口告诉我的，他看着松散，看着大大咧咧啥都不计较，其实高明着呢。老刘早就把90后新人和自己的员工读透了，所以管理起来才得心应手。

我还接触过另外一家小公司，为了鼓励90后员工，公司特意安排他们与企业领导共同进餐，边吃边聊，和高层就一些问题进行面对面的交流沟通，鼓励员工就企业发展提出自己的想法，并对其中的一些建议积极采纳。听说大公司的员工见了领导像老鼠见猫一样躲着走，这里的员工很不理解。

以上这种灵活且人性化的激励方式对强调自我价值实现的90后员工来讲，确实比单纯的物质奖励更有吸引力，也更能激励他们内心的主人翁意识。让员工舒服，老板也实惠。其实，这没什么难的，老板只是放下了架子而已。可是在大公司，这一点很不容易做到。你要敢挑战权威，忤逆领导，那你甭想待下去了。

大公司的老板难以放权与他们输不起有关。小公司的老板因为两手空空，好了大家一起成功，实在玩砸了那大家哈哈一乐。而大公司的老板已经打了好多年的江山，小心翼翼也是自然，怕万一放权给你你玩砸了让他的毕生心血付之东流。所以，小公司的老板能输得起，而大公司的老板注定输不起，每一步都必须好好掂量。所以，这也是人之常情吧。

05 小公司人事关系简单，职场氛围舒坦

虽然一心想进个大公司，“大树底下好乘凉”，但在目前如此严峻的就业形势下，北京某高校毕业的小敏还是不得不向现实低了头，在被大企业“挂起免战牌”苦苦等待 2 个月之后，她终于将目标转向小企业，并最终被一家刚刚起步的广告公司相中，做起了 AE。

她本来计划着将这里作为一个过渡，干满 1 年之后就离开这个名不见经传的小公司。然而两个月之后，她竟然被这里的氛围感染并决定在这里长期发展了。原来是她所在的这个公司虽然规模稍小，但经营管理却丝毫不逊色于大公司。当时，她有许多在大公司上班的朋友都面临着因经济不景气而被迫下岗的危险，而她却可以在这个公司进行长足稳定的发展，在她一进公司的时候，便得到了为期一周的培训计划，她可以在公司的小型图书馆中充分补养，图书馆中的有些资料属于业内的珍贵资料，是业内其他从业者很难看到的。另外，她可以在工作中充分表达自己的想法及创意，甚至还能够在小组讨论中“肆无忌惮”地表达，也可以毫无忌讳地与领导就不同观点进行“唇枪舌剑”地讨论……她很快发现，这里太适合自己了，因为这里有她作为行业幼苗所需要的阳光、空气和水。

其实，小敏的经历并不是特例，虽然小公司没有大公司的资源丰富、有面子、福利丰厚，但是，相比于庞大的管理体系、复杂的审批环节以及严格的规章制度，甚至复杂的人际关系，小公司在工作氛围和能力提升上还是有其独特之处的。

从各个方面考量，小公司都是快乐工作的好地方。

小公司人际关系简单，困惑少

小公司的人际关系简单，员工不会因为复杂冗乱的人际关系感到力不从心，总结起来，小公司的人际关系简单主要表现在以下几个方面：

①小公司的价值观简单

做出“全世界最小齿轮”的松浦元男的经验是，世界上存在可以进行的竞争和不可以进行的竞争。中小企业不应该在“价格、规模、品种”上争胜负，而应重视“技术、品质、财务”。松浦元男的说法已然说出了小公司的精华，其中，技术是第一位的竞争要素。这些东西都很简单。小公司的简单是由其价值观决定的。

②老板简单

小公司的老板脑洞大，没那么多九曲心肠。在我们的经验中，成功小公司的创始人们几乎全是“技术达人”。对于小公司而言，市场与产品就是生命线，在这样的公司里，不存在满口管理理论，却对技术一窍不通的经营者。任何一个企业，最终都是靠产品说话。而把自己的产品做到最好，更加贴近市场，正是小公司与大公司竞争的法宝。

另外，从管理模式上，老板会采取直接领导，没那么多层级和制度，完全可以实现管理靠吆喝，不绕道不兜圈子，直来直去的领导和沟通模式让办公室政治无处藏身。

③小公司人际关系简单。物以类聚人以群分，能来小公司上班的人，想必也都是价值观相同，图个简单，为了锻炼和精进，没那么多城府。即使有冲突，存在竞争，那PK起来也简单，是骡子是马拉出去遛遛，看谁出活多，看谁能打仗，一招就把对方放倒把自己抬高，让对手输得心服口服。

④合作多于竞争。小公司之所以小，就在于其员工比较少，相比大公司常要浪费时间在部门和人员协调上不同，小公司很多时候只有几个人甚

至一个人来独立完成一个项目，在沟通和竞争上浪费的时间自然少了很多。扯闲篇的少了，玩权谋的少了，宝贵的时间全用来干正事了。

⑤小公司没有严格的上下级关系和繁复的审查制度。小公司一般没有那么多的上下层级，不会半年之内都不知道老板是什么样子，更不会一个报告就石沉大海，无处查询。另外，耽误在层层审批上的时间和精力自然也少了很多，可以用更多的时间来安排工作、学习充电。

办公环境轻松愉悦

在大公司，任何人的办公环境都逃不过众多被隔开的 cube 的一亩三分地。

大公司的公司状态大多是各司其职，大家也不会有什么走心的交流，茶水间就是同僚间 social 最多的场所。封闭、呆板、但比较舒适，因为高级写字楼中自然不会缺冷气、咖啡及奢华办公用品的。

小公司则不同，后者都喜欢提倡个性化，个性化的装修，个性化的办公环境，能够自由选择的办公位置，这些都能够让员工按照自己喜欢的方式更舒心地工作。另外，在空间上没有了隔板，同事之间的交流也会更自由、开放。

自由、轻松的氛围是在小公司办公最多的体验，当然，小公司也存在着不少不便的地方。比如办公用品出现问题时常要靠自己解决，当为数不多或仅有的打印机或传真机坏了的时候，只能跑几条街自己去解决了。

06　小公司发展空间大，升职快，没有“天花板”

大三那年夏天，我们法律系的同学们被学校安排去法院系统实习。

那些被安排到市法院实习的同学，一个暑假三十多天的实习期，愣是连一本卷宗都没摸到。而那些被分配到乡镇法庭实习的同学，从起诉书到执行，统统摸了一个遍儿。

回来后大家总结：越基层越有料，越能学到东西。

许多到大公司服务的实习生甚至职场新人或许都经历过类似这种“无所事事、打下手”的阶段，可能许多人都会产生“有那么多资深前辈在，小辈的新人什么时候才能有出头之日”之类的感慨。另外，任何事情都要让上级过目、由别人裁决会让许多职场新人产生挫败的感觉，觉得自己没有被重用或没有得到认可，从而不免为此殚精竭虑，刚进公司时积极进取的意志也因此受到不小的影响。

这种情况，在大公司普遍存在。大公司有完整的组织架构，清晰的领导层级，从普通职员到CEO，都要遵守这一惯例。所以大公司在“勾搭”你们进入时往往打出“广阔的发展平台”这样的口号。但从基层员工慢慢奋斗成公司高管这种从0到n的事情，就像中国男足夺取世界杯一样，只存在理论上的可能性，现实中基本不存在。不过从0到1的事情是大量存在的，一个员工只要能力够强，意愿够高，奋斗几年做到一名中层管理者是很有可能的。

这种情况，在小公司根本不会存在，小公司就爱给人实权。小公司就那么几个人，创业的时候可能连组织架构都没有想明白，整个公司除了老板之外都是员工，任何事老板都会亲力亲为。这看起来普通员工压根没有平台，事实上，这样的公司看起来没有平台，实则到处都是平台，因为在这种环境之下，任何人都拥有很多机会，只要你有能力，你就会很容易上位，就算你没有相当的能力，公司需要你的时候硬着头皮也得上。（这也是一种精进的方式）随着公司的发展与员工增加，能够得到提拔的员工也越来越少，中层管理者此时是最容易一夜之间变成公司高管的人。

对于在大公司工作已久的老人，遭遇发展瓶颈是很常见的事，那时候，你可以考虑到中小企业锻炼一下。

小王在一家大型企业工作已有 3 年，3 年来凭着自己的努力得到了应有的回报，不管是在职位上还是待遇上，都处在同行业的中等水平。但是小王现在面临的问题是，这家企业内部人员结构已经很成熟，各个职位上也都人满为患，在三五年内甚至更久，他都不会得到更大的发展空间和晋升机会，很容易陷入职场的僵局；跳槽也许会改变现状，也有可能让自己陷入更糟糕的局面。同行业其他大企业，基本上运作规律相似，在发展空间和职位待遇上也大同小异，自己积累多年的人际关系又会因为这次跳槽而重新开始，要不要去小公司让他陷入了两难的抉择。

在拿不定主意的情况下，小王咨询了职业导师。导师在全面了解和深入分析小王的基本情况后，建议小王去小公司发展。其根据在于小王的优点是逻辑性强，善于分析和比较，开拓能力很强。以这些特质作为依据，再结合他的工作经历，导师认为小王还是很适合从事技术类的工作，同时又有往管理层转型的潜能。

虽然知名大企业拥有成熟的管理机制，国家化的公司氛围，但是这些都是建立在公司中的每一个员工都只是一颗小螺丝钉的前提之上的。如果你想要让上级注意到你并获得发展与晋升的机会，是十分困难的事情，由此，与其长年在大企业中做着程式化的事情，不如到中小型企业发挥自己的所长，让自己掌握更多的主动权及创造性。

权衡再三后，小王决定选择一家中小型公司继续发展，由于业绩良好，半年后，小王成为公司的股东，逐渐成为统领全局的决策者。现在他已经不用亲力亲为再冲锋到第一线上忙忙碌碌了，而是逐渐过渡到更高的管理层次，着眼于公司的整体发展，不仅开阔了眼界，为自己的职场生涯迎来更多机会，而且也有时间安排好自己的私人生活，张弛有度，提高个人的身体素质和专业素质。小王偶尔也会回想自己当初的决定，其实大企业的诱惑还是存在，但是，到一个中小型公司，拥有决定权更能满足他对事业的追求。

无论是对于刚毕业的新人，还是工作几年后的老人，若想快速获得成长空间，进入中小企业都是一条很好的出路。假如你和小王一样在大公司工作多年遭遇了“天花板”，趁早放弃那个冲一冲撞一撞的企图吧。一年提一次薪、一年竞一次岗，还要受到诸多其他因素的制约和影响，你得等到猴年马月啊？与其撞得头破血流，不如轻盈转身，向小公司进军。

07 小公司里藏有情怀

现在人们张口闭口谈“情怀”，情怀成了最珍贵的品质。

而小公司，藏有诸多情怀。

哪个小老板没有范儿？

人要靠吃米活着，又不能只靠吃米活着。要不然，到最后就只剩下钱了。每一个小公司的老板，都深谙这句话。在他们精进的表象下，埋藏着梦想、远方和诗。

作家巫昂最近为自己的工作室招聘时写了下面一段“招工秘籍”：

“做工作室跟开公司不同，没有人事部，没有人替你管人力资源，那些大词儿都是大公司才用得到的。所谓财务部就是你管好自己的转账密码和网银U盾；所谓事业发展部就是你个人不要太懒太消极，偶尔也想起来开个会，给大家伙儿打个鸡血什么的；所谓人力资源部就是你缺人手了，才想起来在微博上贴个招工启事……

这么些年，更多的是寻找感觉的文艺小青年儿，想来我们工作室工作，她们被我写招聘启事时的一句话感动，或者觉得我们的活儿挺风花雪月的，在落地大玻璃窗下有一搭没一搭地做做手工，发发呆，喝喝咖啡，逗逗猫咪，领导慈眉善目，同事温柔可亲，文艺的人生文艺的工作，辨不清楚今夕何夕。

……

我们从未执行朝九晚五的作息制度，也绝无职场的气氛，一个小作坊似的地方，要的就是和平简单，闷头干活，然后合伙做饭一起吃饭，几无人际关系可言。

找那种简单人儿，没被文明格式化过的人儿，是最妙的。”

此招聘广告一发，简直是倾倒众生。倾倒众生的，是一个老板的简单、随性、和平。我经常在小老板身上，看到各种令人怦然心动的范儿。

物质之外，是自我价值的真实存在。

把企业做大固然可以挣到更多的钱，而挣钱也是企业存在的主要目的。但是，千万不要将此作为唯一的理由。对于有主张、有激情的创始人或领导者。企业本身并非目的，经由企业实现的自我价值才是。他们不爱按照常理出牌，对成功有着自己的定义，宁愿在尝试与探索中尝尽失败的味道，也不在人云亦云中享受猥琐的胜利。在这样的企业，商业活动通常带着一种很深厚的人文情怀，有着内在情感。

这样的创始人或领导者会这样问自己：“为什么不把公司卖掉以获取现金呢？”并以此为出发点，再去找到一个现在成立、未来一个世纪都会成立的理由。即便是小公司，也可以做得很高大上。也正因为有这些高大上的小公司存在，才让我们看到商业世界是如此丰富多样。事实上，商业世界本该具有丰富多样的生存法则。就像森林中有巍峨的参天大树，也有叫不上名字却极有价值的无名花草，因而，把小公司做好，也是一件很酷的事情。

特立独行者的“窄门”。

不走寻常路，独辟捷径，这是年轻人喜欢的范儿。

小型公司，走的往往都是偏路，窄门。耶稣说：“你们要走窄门。因

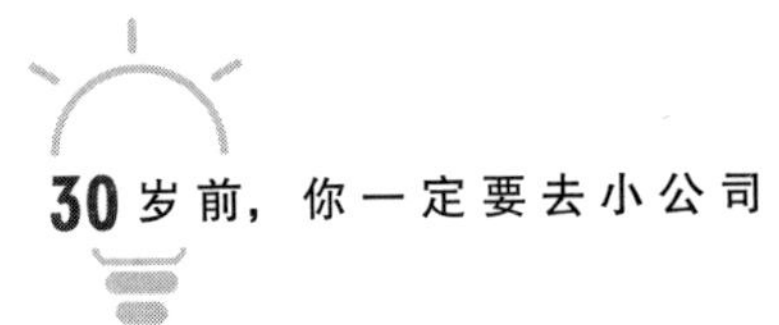

为引到灭亡，那门是宽的，路是大的，去的人也多。引到永生，那门是窄的，路是小的，找着的人也少。”发生在中国乳业中的故事，是关于这句话的最好阐释。

国内牛奶市场从20世纪九十年代起几乎被少数几个大品牌满份额占据。与这些大品牌不同的是，有一家名为华夏畜牧奶制品企业生产的万得妙牛奶，采用一种相对较古老也相对符合国际标准的巴氏灭菌法，这种方法能让牛奶的口感更加真实，而其他大部分奶制品企业均使用UHT高温灭菌法，相比较而言，巴氏灭菌法能够极大程度地保留牛奶中的蛋白质含量。

虽然采用巴氏灭菌法的万得妙在口感与质量上足够与蒙牛、伊利等大品牌媲美，但这个品牌只被少数特别在意牛奶质量的人所知。再者，由于保鲜需要，万得妙只能在北京和天津两个区域销售。由此，先进技术的应用及设备的投入、更高质的饲料以及规模局限让华夏畜牧一度陷入亏损。

三聚氰胺事件发生之后，几个大品牌乳制品企业纷纷陷入危机，万得妙却在此时获得了施展的机会，紧接着，泰山投资宣布与一家欧洲乳品生产商因看重华夏畜牧生产的乳制品足够优质而共同向华夏畜牧投资4500万美元。

出于对品质的追求，华夏畜牧严格控制养殖奶牛的数量，迄今为止，其自建畜牧场中仍只有7000头奶牛，如此精致的养殖环境是动辄饲养几十万头奶牛的蒙牛、伊利等企业所无法达到的。万得妙很巧妙地选择了一道“窄门”，从而在激烈的市场竞争中脱颖而出。显然，华夏畜牧在乳制品企业角逐的这条路上走得很慢，但却走得最踏实。

参与公司的文化创造过程。

在小公司供职一段时间过后，也许你还会惊喜地发现，在小公司工作你能够参与到公司文化的创造过程中去。这是在大公司很难获得的体验，在大公司，员工往往不得不被动接受一种已经形成的文化，遵守现有的规范、习俗和价值观。然而，在小公司你完全可能通过自己的努力与才学直接影响公司文化的形成和发展，甚至还与其他成员一起创造公司的工作哲学。从这个角度上来看，在小公司工作的你是能够带着情怀去工作的。你完全可以通过自己去创造一种快乐工作的文化，从而让一群聪明的人聚集在一起，快乐地工作，这样一来，工作不再只是工作，或者说工作不再像是工作，剔除了“烦闷”、“压力”、“不得不打鸡血”的工作难道不像是快乐的游戏么？这种快乐的游戏能够让我们欣然甚至苛求一个又一个挑战所带来的兴奋，而我们也会在这种兴奋中获得极大的满足。

08 在小公司身居高位更能全面提高你的职业素质

小卢告诉我，昨天下班路上碰到一个老同学，他们在路边谈了一会，互相交流了一下近况。

小卢在一个小公司做事，很小。他同学小季则在一个大公司，很大。

那天下班路上，他俩碰面了。小卢被同学嘲笑了，被嘲笑公司小，只有小季公司一个部门的规模，言语中带着怜悯……

小卢立刻反驳，说我们公司虽然小得像你们的一个部门，但我自豪的是，我们一个部门可以做你们好几个部门的事情！我上一年班比你上三年班都全面！

同学愣住了，根本不信，还轻蔑地说：“吹吧您呐！”

小卢做了这样的比喻，这就好比咱们的大中国和小瑞士，咱们中国国家大，国家生产总值 GDP 高，但是人均生产水平比瑞士低十几倍！所以，瑞士虽小，但也有自己的优越感。

小卢问我自己是不是有吹牛之嫌。我说不，你可以考虑开辟职场培训微课堂了。

大公司职员往往会被始终固定在一个部门，从而基本丧失了提升全面素质的机会。小公司职员则有足够的机会全面发挥自己的才干，由此，想要全面提高职业素质，小公司职员比大公司职员更具优势哦。

所谓“名不正则言不顺”只有对概念有清晰的认识，我们才能明了。下面，我们就从素质一词的定义入手吧。

那么，到底什么是素质呢？素质是一个综合概念，具体到员工，素质是指驱动员工产生优秀工作绩效的各种个性特征的集合，包括业务素质、思想道德素质、思想道德素质和心理素质。我们所要关注的重点并非是在哪里能提高素质，而是在哪里更能提高素质。

关于这一点，颇有经验的“老司机”们结合自己的情况做出了如下的总结：

首先，小公司身居高位更能提高业务素质。在大公司当一名小职员，只能从事单一的工作，提高的往往是一种工作技能。而在小公司身居高位，通常要身兼数职，对个人的能力要求更高、更全面。业务素质往往能在这种锻炼中得到全面的提高。

《马克思主义哲学》中已明确指出：“劳动是提高个人素质的根本途径，劳动对象越复杂，劳动过程越多样化，越能全面提高个人素质。”

其次，小公司身居高位更能提高思想道德素质。正所谓站得高才能看得远。小职员关心的往往是个人的本职工作，而处在公司的高层，既要维护公司内部的稳定团结，又要对当前的形势、公司的发展方向进行全面、细致的分析，在这一过程中，你的团队意识、集体意识和大局观念等思想素质能得到更进一步的提高。

其次，权力越大，责任越大。作为公司的高层，每一项决策都关系着公司与员工的切身利益，责任重大。这使得公司高层在决策时必须严谨再严谨，具有高度的责任感。此外，正人必先正己，公司高层必须以身作则、以德服人才能得到拥戴。

最后，小公司身居高位更能提高心理素质。作为公司的高层，要在纷繁复杂的环境中带领自己的团队不断前进，所要面对的压力远非一般职员可比，而且小公司所面临的挑战往往比大公司要多。所以，在小公司身居要位，心理素质会得到更加充分的考验和锻炼，比在大公司当一名小职员更能提高心理素质。

综上所述，无论是业务素质、思想素质还是心理素质都是在小公司得以提升的。

我曾有一位女性朋友，她原本能力一般，性格也不好，在一家小会计师事务所做审计工作做了一年，整个人简直脱胎换骨了。她坦言这一切能力都是“拜小公司所赐”，

为了企业的生存，小企业的经营者恨不能不加选择地接下所有业务，由此练就了小公司职员在任何恶劣环境下都能去做事情的本事，比如经常去连拖拉机都进不去的地方视察现场等，工作时面临再琐碎的问题都不会怵头，因为经常处理杂乱的业务内容以及经常遇到各种各样奇葩的客户使得他们似乎对工作中任何可能出现的问题见怪不怪。显然，这种情况使小公司及小公司的职员得到了充分的磨练，使其既能做像大公司一样的高大上的交流，也具备灵活机动的沟通和表达能力。

由此可见，小公司虽然小，但却是缔造能人的好地方，也许下一个能人就是你。

第五辑

谁说小公司福利待遇不好？一算见分晓

01 最开始工作那几年，千万别一味图钱

人们贪慕大公司最常见的原因就是大公司赚钱多。

说句掏心窝子的话：最开始谋职，千万别一味贪图钱。

工作的质量决定生活的质量。无论薪水高低，工作中是否尽心尽力、积极进取，内心是否充实，这往往是事业成功者与失败者之间的最大不同。工作过分轻松随意的人，无论从事什么领域的工作都不可能获得真正的成功。将工作仅仅当作赚钱谋生的工具，这种想法本身就会让人蔑视。

将工作仅仅作为赚工资的工具，生活永处平庸模式。

如果你的个人奋斗目标只有薪水，那么恭喜你，你可能无法走出平庸的生活模式的，也从来不会有真正的成就感。薪水固然是工作目的之一，然而工作所能给你带来的并不只是钞票或银行账户余额中数字的增多。薪水虽然是最能体现工作成效的一种表现方式，但也是最肤浅短视的表现方式。如果我们抛弃更高远的目标而只求薪水的多少，那么最后受害的往往不是别人，而是自己。

在某个炎热的日子，一群人正在铁路的路基上工作，这时，一列缓缓开来的火车打断了他们的工作。火车停了下来，最后一节车厢的窗户打开了，一个低沉的、友好的声音响了起来：“大卫，是你吗？”，大卫·安德森——这群人的负责人回答说：“是我，吉姆，见到你真高兴。”。于是，大卫·安德森和吉姆·墨菲——这条铁路的总裁，进行了愉快的交谈。

在长达一个多小时的愉快交谈之后，两人热情地握手道别。

吉姆·墨菲离开后，大卫·安德森的下属立刻包围了他，他们对于他是墨菲铁路总裁的朋友这一点感到非常震惊。大卫解释说，二十多年以前他和吉姆·墨菲是在同一天开始在这家铁路公司工作的。其中一个人半认真半开玩笑地问大卫，为什么你现在仍在骄阳下工作，而吉姆·墨菲却成了总裁。大卫非常惆怅地说："23年前我为一小时两美元的薪水而工作，而吉姆·墨菲却是为这条铁路而工作。"

是提高自身的资本重要还是赚取更多的薪水重要？这是一个值得每一个工薪阶层深思的问题。要知道，作为企业的老板，开公司也不只是仅为追求利润，在追求利润的同时，他们更想要证明自己的价值。因而，作为员工的我们，如果不把证明自身价值列入工作的目的中，如果不把工作视为能力的修炼的话，那么我们只会在工作中变得越来越被动，越来越消极，越来越没有价值。

致力于让自己一天比一天更值钱。

对，千万别一味图钱，而应该努力让自己变得值钱。

年轻人刚开始参加工作不必将重点放在薪水的多少上，而是不应该将注意力放在自我能力与价值的提升上，你可以通过工作提高自己的工作技能，增加自己的社会经验，提升个人的人格魅力……薪水与这些相比，实在是太微不足道了。因为薪水的多少只是老板支付给你的金钱，而你在工作中的切实收获是可以跟随你终身的。

能力比金钱重要万倍。如果你有机会去研究那些成功人士，就会发现他们并非始终高居事业的顶峰。他们曾多次攀上顶峰，也曾坠落谷底，虽起伏跌宕，但是有一种东西永远伴随着他们，那就是能力。能力能帮助他们重返巅峰，俯瞰人生。下面让我们来看看美国玩具大王道密尔的成功经历：

美国玩具大王道密尔的发迹，与他的跳槽是分不开的。1948 年，当这位 21 岁的匈牙利青年登上美国大陆的时候，他身上只有 5 美元。虽然他很快找到工作，但他从不满足于安定的生活，只要他发现有更适合的岗位，就毫不迟疑地放弃原先的工作，即使原先工作的报酬比新岗位的报酬更高，他也不计较。

在美国的 18 个月里，他竟换了 15 次工作。第 16 个工作岗位似乎是道密尔的理想选择了，当时他的月薪已达到 30 美元，而且两周后又加至 175 美元，因为老板对他十分欣赏。

可是正当别人认为他会在这个岗位上长久地工作下去时，他又决意去做一名推销员。道密尔心中清楚，当推销员有助于他全面了解美国，为他自己今后的事业打下基础。对于一个聪明、勤奋的人来说，任何岗位都有成功的机会。

道密尔的推销业务发展很快，月收入已超过 1000 美元。但出人意料的是，就在他的事业上升期，他又放弃了，把推销路线卖给了别人，倾其积蓄买下了一家面临倒闭的工艺品制造厂。许多人说他是傻瓜。然而，他的这一步却走得很出色，数月后，工厂扭亏为盈，生机勃勃。5 年后，这家玩具公司成为美国有名的企业。

就在他可以“享受人生”的时候，他又转移了注意力，买下了另外几家破产的玩具公司，数年后道密尔的事业更加兴隆。

道密尔是属于不羡金钱，一直让自己成长的人。正因为如此，才使他的潜力得到不断地激发和调动，从而使他的价值不断地升值，使他的事业不断地走向新的成功。可以这样总结，越是不盯着钱的人，越值钱，越有钱。

说这些，是想告诉大家，不要因为大公司工资高点福利好点，就趋之若鹜，赖着不走。把注意力集中在学习和提升上。你每天都进步一点点，

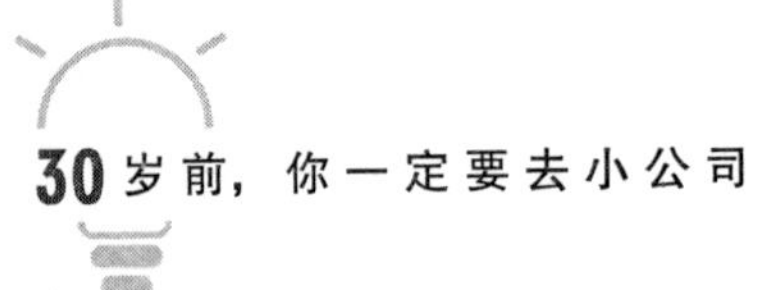

钱，对你，真的不是事儿。你负责把工作做好，幸运女神自会替你安排好一切。

02 你的实力，就是你最好的福利

对于中国人来说，最好的福利，就是铁饭碗吧。

在我们所处的这样一个时代，还有铁饭碗吗？有的话，它又在哪里？

中国超过 70 年的公司有几家？

在一次股东大会上，一个来自津巴布韦的观众问："巴菲特先生，通胀年代的最好投资是什么？在一个通胀率是百分之十万（即每年物价翻 1000 倍）的国家里，您会怎样去投资？"巴菲特答："当钱币变成了糖果，你唯一的防卫就是你的才能与挣钱本事。如果你是最好的脑科手术大夫，或是镇里最棒的切肉师傅，或是最棒的职业足球运动员……不管是什么，只要你有才能，不管钱币贬值到什么程度，不管人们开始用鲨鱼牙齿、还是贝壳做货币，你总能把握（在经济中）应得的股份。"

您看，拥有拿手绝活，拥有十八般武艺，这才是铁饭碗。

这样的饭碗，只有小公司能给你。

在小公司里，一切皆有可能。

最好的防守是进攻。积极行动才能不被动。所以，你要多学几门技能，让自己永远都有价值。李开复曾在《做最好的自己》一书里面说道："未来比今天更重要；积极比安稳更重要；学习比金钱更重要。"他已经看到，短视和安稳是年轻人成长最大的敌人，唯有不停学习，磨练，进步，才能获得相对的安稳。

因此，你可以加入一个有经验的创办人办的中小公司，最好越小越好。这里有值得学习的创办人，业界被认可的产品，优质的投资人；此外官僚政治比较少，工作节奏较快；你也有可能参与各个部门的工作，可以从中学习它的运营和文化。相信我，这里会成为你最好的学习培训班，留得青山在，自然不怕没人青睐。

即使在大公司也不要变成“活死人”。

很多人都认为公司越大“饭碗”越靠谱，可是你有没有想过这样一个问题：你如何一直安稳下去，如何保证你在下一家公司依然可以得到安稳。

事实上，安稳不等于稳定，倒在一定程度上等同于安逸。安稳毕竟意味着稳定的工作，而稳定的工作则意味着持续少变的业务，如果你在一个供职单位感觉到很安稳，不如时常关注一下你所属的业务的增长量，顺便再观察一下所在部门中层的离职比率。如果你得到的结果是增长量不变或者缓缓下降的同时保持着极低的离职率，那么恭喜你，你已然身处丧尸养殖场了。

停滞不前在市场经济中无异于慢性自杀，因为资本受不了水平的增长曲线所带来的焦急与苦楚。与停滞不前相反的是快速发展，这种情况意味着资本在陡峭向上的曲线里，这样的日子不会太安稳，因为变数太多，需要挑战的事情也很多，有太多人需要更换到前线。另外，同行业里存在着大量的机会，每个从业者都随着市场扩大而拥有更多的发展机会，而这些机会正是存在于这种动荡不安中，所以，不要盲目探求安稳，而要在动荡中懂得寻找机会，再于把握机会后寻找相对稳定，这才是一个职员应该去追求的职业发展状态。

03 管理人性化，也是福利的一种

靠什么维持普通员工的小热情，靠什么激发出技术人员的创意灵感，仅仅是靠薪酬制度吗?

灵活性是小公司最为独特的地方之一，因而任何一家小公司都需要制订出适合自身特点和环境要求的激励制度和方法。许多小公司都会出现这样的现象：上下班不用打卡，不要求工作着装的统一，“下午茶”时间十分充足，甚至公司的上下班时间也可以由“一人一票”投票决定。也许在薪酬待遇上小公司无法与大公司相比较，然而与相对丰厚的待遇相比，人性化的工作模式更能吸引人才。

人都是情感动物，说起人性化管理，我刚刚听说了一个和明星有关的真实案例。

某箱包品牌为了扩大品牌影响力，去藏区做慈善活动，想请某一线女明星参加，但又掏不起巨额的费用。这时候有一个机灵的员工想到了招儿，他找到了该明星的经纪公司，见到该女星就声情并茂地说起了藏区的孩子生活条件多么艰苦，说得女星都哭了。这时候该员工开始切入正题了，说刚好他们单位下个月有一场慈善活动，给藏区的孩子捐助背包。说到这里，明星擦干眼泪主动说：我也去，算我一个。就这样不仅没花一分钱，还免费请到了明星出场助阵。

你看，这就是以情动人的魔力，你把人心感化了，那一切都好办了。

以情动人可以感动一线明星，对于我们的员工，也一样有神效。

某某品牌是我喜欢的服装品牌，穿了很多年，而自从了解了他们公司的人性化管理方式后，我更爱这个品牌了。

作为拥有独立设计师的服装品牌，从2006年成立至今，已经拥有了700多名员工。从规模上来说，已经是一家中型规模的公司了，但他们的工作氛围还是和刚成立时没有太大的变化。

在这家公司，从老板到员工，每人都有一个“花名”，平时大家都用花名称呼对方。比如，两位创始人是姐妹俩，姐姐叫“大风”，妹妹叫“小风”；手握几千万广告投放大权，负责整个公司市场推广工作的市场部经理叫“玫瑰”。如果听到有人叫“老板”，那就是在“惩罚”大风和小风。每当大风、小风“虐待”大家的时候，大家就齐声拖长声音冲她们喊：“老板……”

与其他电子商务公司相比，这家公司高层领导少，中层领导下面就是普通员工，其工资标准也相对较高，起薪是3000元，但中高层领导的薪水在同行业中不算高。之所以采取这样的薪酬制度，是因为公司很贴切地考虑到了如下两个问题：1.公司的基层员工大多是“北漂”，相对较高的薪酬能够让他们不用去租地下室或连暖气都没有的平房，也可以避免员工因为拮据而在周末只能窝在出租房里；2.中层领导的薪水虽然与同行业相比没有吸引力，但是对于中高层管理者来说，留在这里并不只是为了赚钱，也是因为喜爱这里的文化。

2011年，玫瑰在公司附近的北京通州区巴克会所租下了一套3层的复式房子，带着部门9个同事，重新过起了宿舍生活。

这样做的起源是玫瑰的下属是一个刚来北京的小姑娘，有一次请假没来上班。后来，她对玫瑰说：“我发烧躺在床上，没有人管我，我也没有力气爬起来，只能任由身下的床单因为出汗湿了又干，干了又湿。”不久，又有一个男孩子对玫瑰说：“玫瑰，我觉得特别孤单，下班以后就只能对着一台电脑一堵墙，没有亲人，也没有朋友；即便是和同学见一面，至少也要花两三个小时，人家还不一定有时间。”

听了这些话，玫瑰心里酸酸的，她当时就觉得，在北京这样一个庞大得让人恐惧的城市，自己作为这些外地孩子的老大，有责任照顾他们，让他们在北京的生活过得舒服一点。尤其是想到她当初刚来北京的时候，老板大风、小风也给了她同样的照顾，更坚定了她租房和大家“同居”的想法。

这些年，很多服装品牌都走向没落，而这家公司却势头不减，我觉得这主要得益于他们的人性化管理，在这样一个充满浓浓人情味的大家庭里，才可以没有后顾之忧地投入工作。为爱工作，无疑会很快乐。这些年，这家公司的离职率低得让人难以置信。

也许大公司里出来的人会问，人性化管理会不会太不规范了。其实，规范化管理和人性化管理并不矛盾，这就好比一个家，钢筋水泥铸造了房子，但让家变得浪漫温馨的确是软装，两者相互兼容，不可偏废。

04 小公司里福利形式更丰富

别再偏见地认为小公司就一定福利不好，那是你孤陋寡闻。你听说过日本未来工业吗？没听说过？或者听说过不了解？不管你是否听说过，也无论你是否了解，读完下面的文字，你一定不会再戴着有色眼镜看待所有的小公司。

未来工业诞生于1965年的日本岐阜县。作为一家从事制造和销售建材产品的明星公司，整个企业却只有700多人，大部分的员工已经为公司服务二三十年了，几乎没有人主动辞职。未来工业一直真心为员工的健康幸福着想，站在员工的角度来经营，成为“全日本休息日最多的公司”。

以2008年为例，未来工业休假日达到143天，在年末年初干脆就连休19天。此外，每年的标准带薪年假是20天，每五年公司还组织一次全体员工的海外旅游活动。如果赶上海外旅游的话，休息的日子接近170天。

这简直是超乎想象的超长假日公司。

尽管如此，未来工业还是取得了不俗的销售成绩，其年营业额达到320亿日元，毛利约有40亿日元。更值得一提的是，20年来，未来工业的销售利润长期保持在5%以上，完全是一家不知经济不景气为何物的公司。

在未来工业，每天的上班时间也相对较短。制造业公司大部分都是8点就开始上班，而未来工业是8点半，下班时间则为16点45分。这么计算下来，一年的劳动时间还不到1500小时。另外，未来工业还是个“禁止加班”的公司，公司甚至考虑过实施“加班＝罚款”的运营方针。

这家企业的管理者认为：员工放假比较多，但是干劲会更足，热情也更高。管理不是发命令，营销也不是下任务，一切的管理都是建立在自愿基础之上。

在这里，迟到、早退不会被处罚。有个别的一次迟到四五分钟，十几分钟，一个月加起来有可能迟到一两个小时，工资并没有减，但员工自己会感到羞愧。随后，他们会自觉克服自身毛病，按时上下班。未来工业管理中的每一个规定都是在为员工着想，反而为企业增添不少动力与活力，可谓是“越休假，越高效”。

除了像未来工业这样钱多假日多，小公司爱护员工的方式还有很多很多。

对于那些大公司来说，少一名员工无关痛痒，他们可以很快地再补充进来，但是对于小型小公司来说，或许就是少了一个顶梁柱，而且招人和培训也相对周期较长，耗时耗力最后还不知道能不能留住人。

所以，小公司更珍惜员工，留住员工的愿望更强烈。

为了留住人才，小公司竭尽全能各显神通，能给的不能给的都给了。这里用几个实例跟大家分享一些小公司福利人才的方法，希望能引起大家的共鸣，珍惜老板们一片丹心。

小张所在的公司是一家小型的互联网公司，他的工作是负责公司网站的设计以及宣传资料的设计。由于公司的电脑配置不高，很多时候他做的一些网站页面效果图的 psd 源文件就有几十兆甚至上百兆大小，在打开和编辑这些文件的时候往往会非常卡，从而导致工作效率不高。小张知道公司的资金不太宽裕，也只能凑合着使用。像小张这种情况在很多小公司及小型的公司里面都存在。小张也给公司领导反映过，后来公司就想出一个办法，针对这种情况特意推出一项福利，凡是工作满半年的员工，如果想要换一台配置好的笔记本电脑，公司都可以出资七成，剩余的三成由员工垫付，当然，这台电脑只限工作之用。当员工在公司工作满 2 年后，这台电脑就归员工所有，并且公司将当初员工垫付的三成费用退还给员工，但是硬盘中的数据要归公司所有。如果工作不满两年辞职的，机器归公司所有，公司也会将员工垫付的三成费用退还给员工。小张一直梦想着能有一台苹果电脑，当这项福利推出之后，他毫不犹豫的拿出三成的费用跟公司合买了一台。

这种做法既为员工增加了福利待遇，又能够留住员工，何乐而不为呢?

小刘所在的公司是一家小型销售型公司，公司的女性较多，公司经理为了能够留住员工推出了一项人性化的福利，就是每月给女同事额外放一天假，这一天假期可以由女性员工自行选择休假时间。虽说这并不是很大的福利，但也体现出了公司对女性的尊重。

下面这个案例与前几个案例相比稍微特殊一点。

小王所在的这家公司，每个月都会对员工进行一次调查，了解员工最想知道什么，针对这些问题，部门经理每个月都会邀请一些各行业的朋友来公司与员工一起交流工作经验，学习新知识。

这虽然看似不是什么福利待遇，其实是最能留住人才的一种方式。求职者其实可以分为两大类人群，一种是想要获得高薪和福利待遇的，另一种就是希望能够学习到更多的知识的。这家公司因为资金不宽裕选择了后者，为员工提供了一个很好的学习交流的氛围；同时，员工又将学到的经验和知识用到工作中去，大大提高了工作效率，可谓一举两得。

方法都是人想出来的，在如今竞争异常激烈的市场环境下，小公司为了打出自己的一片天地就要剑走偏锋，在福利待遇上会根据公司的实际情况为员工量身定做几样特殊的福利待遇，无疑是留住人才的上上之举。

05 小公司的“期权”能帮你实现财务自由的终极美梦

每个人都在幻想着财务自由——钱多的花不完，想买啥买啥，想干啥干啥，想去哪去哪。

初创公司的期权，是最能让你彻底脱贫，一夜暴富的东西。

相信你早就看到了，很多人的成功仿佛是莫名其妙的，莫名其妙找到了一个机会或者一个潜力的初创公司，坚持做下去了，然后莫名其妙成了千万富翁。

这个“妙”，就是初创公司早期分配给员工的那些期权，这个期权一旦兑现，可获得的财务收益将是在 BAT 大公司打工十几年甚至是几十年的总和。

所谓期权，通俗点说就是你加入了一个创业公司，公司现在还没有上市，也就没有股票，所以就先和你约定，等公司上市，你就可以极低的价格购入一定数量的股票。通过什么来约定呢，就是期权。

简单直白地讲，就是公司给了你一笔巨资，但是这笔巨资什么时候才能真正到你手里则不得而知，也许几年，也许十年。

纵观成功者，他们也许不见得都很聪明，也不见得都天赋异禀，但是他们身上有一个共同的特点：坚持做一件事，并且坚持到底。

几年的时间其实很快，十年的时间也并不遥远。有的人愿意去咬牙坚持几年，换来的就是一辈子的财富自由。

期权是初创公司帮助员工实现财富自由的主要方式，但不是唯一。不得不佩服，初创公司的老板太伟大了。我打工服务过的那个唯一的上市公司，在公司扩张遭遇资金紧张时，那个整天满脑子奇思怪想的小老板就号召大家拿出工资的一部分入股。我是带头的反对派，我觉得这是老板想占员工便宜的说辞。很多人和我持有一样的看法，都没有响应号召。只有少数几个员工勒紧裤腰带“入股”了，现在，都已经身价几千万了，实现了财富自由。

或许你会说这毕竟是少数，可是，投资，冒险，赌得不就是概率嘛，世上哪有百分百的事？大收益必然伴随着高风险。和股票比起来，这个风险算是小的了。

06 福利待遇，归根结底是自己谋来的

那家杂志社的办公室是我待过最烂的。

同事之间看起来欢乐祥和，实际上是最最负能量的。

业务员全是女的，办公室成了养生堂，除了我这个文案被逼着笔耕不辍，其他人全在装睡。

一天最多打三个电话，其他人都网购的网购，玩微信的玩微信，化妆的化妆。

一开会就说行业不景气，平面媒体环境不好，大家都不好，不光我们单位不好。

要么就是说我们的方案没创意，在他们的压迫下，我每天方案方案方案写到吐血。可是，你永远都叫不醒一个装睡的人。我都憋成内伤了。

每个人都在抱怨。

工资最低的是王姐，她是总监助理招进来的，连总监都不干活，所以她也没什么可助理的，每天在那里帮孩子分析题，时不时求助。于是整个办公室的人都帮她给孩子解题。她还抱怨说自己的工资连北京市最低标准都不到，只有区区两千八百块。

我心里想：就这两千八都不该给你。

小北原来有几个客户，这一年她备孕，不能有压力，所以也懒得和客户沟通了，天天在单位煮粥煲汤补气血除湿除寒。

后来成功怀孕了，那更是明目张胆地混日子了，因为有法律保护，不能开除孕产妇。

还有就是我先前说的一个“娇女怨”，一副高高在上的甲方姿态，每天都说单位伙食不好，办公室空气不好，桶装水不好等等。其实，她之所以从上一家单位跳槽到我们单位，就是为了解决个人问题的，以前单位太忙，压力太大，没时间相亲谈恋爱。

所以，她整天化妆，在网上谈谈谈约约约。

这些人没有一个人在干正经事。却都在抱怨单位一点不人性化，福利待遇只降不涨。

我看在眼里，嘴里含着一句话差点没憋住：哪个单位养闲人啊？单位对你们这样已经是人性到傻了。

你看，这帮人自己都停止生产了，却指望着单位源源不断地发福利，这不是强盗逻辑吗？

因为这帮“硕鼠”终于把单位啃穷了，上级单位给我们换了领导，新官上任三把火，老板急了，一气之下让会计把销售部每个人的业绩和工资明细全都打印出来，分发到个人手中，由会计讲解每个人开发了几个客户，创造了多少利润，工资多少，五险一金多少，单位支付了多少。就这么掰开揉碎了一算，所有人都闭嘴了。

每个职场人士都应该踏实一点。工作是一种价值交换，你得创造价值，才能拿到你该得的薪水和福利待遇。福利待遇，说到底还是羊毛出在羊身上，大河有水小河满，你为单位贡献多了，单位整体业绩好了，福利才有可能。你不做贡献，你不拉客户，单位没钱进，那当然大河没水小河干了。所以，待遇好不好，取决于你自己的能力和努力。

很多人都抱怨自己单位的待遇不好，实际上很少有人会去思考你能贡献什么，平台为此要付出的代价是什么？

没有给予，只有索取，在所有的关系中都是无法持续的。

每个人都盼望单位对自己大方，自己对单位却无比小气，一分钟的班都不想加。但凡超出你明确职责范围的事你推得一干二净，你却要求自己身体不舒服时单位白白送你几天假，你请事假回家看望老母时你要求单位不扣工资，凭什么？

当你觉得老板不够大方时请换位思考。

许多人容易惯性地将老板和员工放到对立面，认为老板之所以能够获得大量的物质财富是因为剥削员工剩余价值，并时常为一单生意给公司赚取 10000 元利润自己才能拿到两千而感到不公。老板什么都没做却白得 8000？这也太不公平了。不得不说的是，这种极端、片面的想法极为普遍地发生在许多普通职员的脑海里。试想一下，没有人生来就是为他人打工的，也没有人生来就是注定当老板，打工者在时机成熟的时候可以自己当老板，而坐拥亿万资产的老板也有可能会因为各种破产而不得不转为打工者。当你为一单生意挣 10000 元自己却只能得到两千而感到不公的时候，也恰是你离做老板还有相当远的时候，因为此时的你看问题的角度不够开阔，眼界也不够高，你只看到了某单生意赚了10000元，也只看到你只从这10000元中分取了两千元，而看不到为了赚取这10000元老板所要投入的广告费，财务费用，税，物流费，通讯费，房租水电，后勤人员费用等等等等，要知道，当你自己做老板的时候，这些费用少掏一样都不行的。

你一点亏不想吃，却想让老板吃亏？

许多人时常抱着这样的想法：我只是一个打工的，拿多少钱干多少活，其他的事情与我无关，让拿钱多的人去管吧。诚然，这种想法对于打工者来说很在理，然而如果你不想一辈子都是打工者，就要趁早将这种想法在自己的工作认知中摒除出去。因为如果你始终持有事不关己高高挂起的态度，那么晋升的事情永远与你没关系。如果你在工作中整天前怕狼后怕虎生怕自己吃一点亏，或者老板、高层与普通员工之间遇到利益冲突的时候锱铢必较，宁死不愿吃一点亏，那么无论是老板、高层还是普通员工，必然都会在郁闷与惆怅中怒目相对，工作自然是做不好了。作为员工，自己一点亏都不想吃，反倒想让老板吃亏，这委实说不过去；作为老板，自己不愿吃亏，却总想着让为自己卖命的员工吃亏，这也是极为说不过去的事情。

吃亏是福，无论是老板还是员工，无论职位高低，只想着让别人吃亏让自己占便宜肯定是行不通的。想要做好工作，就要懂得让利与妥协，正所谓做多大妥协就办多大事。在工作中，时常做些不涉及原则的让利于妥协，你必然会有意想不到的收获。

第六辑
在小公司锻炼好这些能力，走到哪里你都是王牌

01 大公司只能让你成为“面粉”，小公司才能把你塑造成“拉面”

关于人的成长，俞敏洪有过一段很精彩的讲述，他说：年轻的时候，人就像一堆面粉，洁白、纯净、好看，但没有黏性、韧劲儿和分量，一阵风过来，就能把你给吹散了。后来，公司内外，社会各方、黑白善恶、雅俗圆钝，各路神仙、各种力量都加入进来，反复这般，纯洁的面粉就慢慢地揉成面团了。这时候，开始有了韧劲、弹性、张力和分量。继续揉下去，就可成拉面了。一旦成了拉面，那么，开水煮你都不容易把你给煮烂了。

在小公司工作，要么成灰，要么成拉面。

在大公司工作，比较安稳，专业，纯洁，但弹性和韧劲儿不够。要么成灰，要么成面粉。所以，还是在小公司锻炼好，有成拉面的可能性。

在小公司，你的工作会对公司产生影响。

亚当·雅博林诺（Adam Arbolino）是图标、网页和图形设计在线交易市场 esignCrowd.com 的联合创始人兼首席技术官。关于在小公司工作的感受，他这样形容：小公司能让你用比你以往任何时候都要高的效率去工作，与此同时它还能让你学会担当，学会如何让一家公司在各种挑战的面前快速腾飞。

诚然，因为公司小，你就可能成为公司的缔造者，如果你用坚持与拼搏与公司一起壮大，你便可以成为当之无愧的元老。从这个角度来看，身处小公司的你最应该用百分之一百二的气力为公司搏发展，在此过程中，你也必然会收获比坐过山车还刺激的奇妙无比的体验。

有人说，在小公司工作的感觉就像吞下电影《黑客帝国》中的红色药丸之后进入了现实世界。你所做的每一件事情都有可能对整个公司产生极大的影响，而公司的运营一旦失去了你就像失去了安全保护的网络，无法继续运转，或者即使能够运转也举步维艰，无时无刻不在为因为缺失了你而可能发生的任何事情而感到胆战心惊。

许多从大公司离职然后加入小公司的人都会产生全然地自我释放的感觉。尤其是加入初创公司，自己的一举一动都能牵动整个公司，这是在大公司不可能有的体验。其实，小公司的规模及机制迫使着每一个员工必须准确区分工作的主次，明确判断哪些事情的优先级更高，从而以绝对的专注状态首先解决这些事情。在此过程中，员工的创造力得到了充分地激发，也能对所负责的项目进行深度及多维度的思考。最能让人感到兴奋的是，每一个员工都能直接地、真实地感到公司所获得的每一个成就，也可以与公司所有人共享这些成就所带来的回报和荣光。

因为挑战，因为危机，因为休息相关，生死存亡，所以，你必须全面担当，没有什么老板的员工的，没有我的你的，都是我们的，奋斗奋斗奋斗，解决解决解决，直至胜利。

小公司可以锻炼你全面担当的能力。

大公司可以锻炼你的专业能力，而小公司可以锻炼你全面担当的能力。在大公司上班可以形容为“温水煮青蛙”，大公司分工细致，基层员工往往只需要专注一件事情就可以了，无须操心其他事情，于是在工作熟悉后，生活会变得平淡而安逸，就像温水中的青蛙，陷入危机而浑然不觉。

与大公司不同的是，在小公司工作更像“火锅涮羊肉”，快节奏中充满着各种各样的变数。更简单粗暴地讲，快节奏就好像将羊肉放进滚沸的锅中，顷刻间就要捞出来，味道如何立马就能知晓；变数多就好像被沸汤煮过的羊肉片会因为厚度不完全均匀、捞出的时间不一样、蘸料不一样而产生不同口感。想要让羊肉片符合自己想要的口感，就要保持高度紧张、全面把控的状态，火不能太大，严格控制“涮”的时间，肉片厚度尽可能均匀等。同样，在小公司工作也要保持高度紧张与兴奋的状态，做好随时应对各种突发事件的准备，并且在最短的时间内将所有问题处理好。

大公司培养制度意识，小公司锤炼应变能力。

为了提升管理效率，大公司通常会建立一整套的管理规章制度，无论大事小事都有明文的规定，例如考勤制度，休假制度，团建制度，会议制度等等。这些制度每天都会影响及牵掣着公司的每一个员工，员工的制度意识也因此在无形中得以提升及加强，这对于员工的个人成长的确是有帮助的，然而，这些制度本身也是一种限制。

小公司受规模小和人员少的限制，大多没有什么完整的管理制度，什么事都商量着办，有饭一起吃，有活一起干。遇到突发事件，甭管这事归不归你管，你都得撸起袖子往前冲。久而久之，你随机应变的能力会得到提升，组织协调能力会得到提升。

小公司可以培养你的超强解决力，成为职场大拿。

小公司与大公司相比，的确有许多不足的地方，但是小公司更容易培养出全才，大事小事都需要你来完成，任何业务都要做，不会就要去学，因而可以保持着很快的成长速度。一个员工在公司里身兼数职在初创公司是十分常见的事情，今天要给新人做培训，明天又要去后勤处理业务，后天也许还要去负责财务行政方面的一堆琐事，只要看到哪个岗位缺人了，就会闪电似地“补位”。真正的“有条件要上，没有条件创造条件也要上”。再者，小公司基本不会有人帮助你处理任何事情，因为大家都需要处理一大堆事情，没有时间，所以所有事情都需要自己一个人搞定。由此，三个月前也许你还是一个什么都不会的职场菜鸟，三个月之后你便可以摇身变成职场大拿了。

也可以打个比方，比如在厨房做饭。大公司的员工是这样被安排的：开火的开火，切葱花的切葱花，剥蒜的剥蒜，倒油的倒油，炒菜的炒菜，盛菜的盛菜。而小公司的员工是这样被安排的：厨房就留俩人，你们中午要做出八个菜来，你俩看着办。

所以，大公司的员工，切葱花的只会切葱花，不会做饭。而小公司的员工，一个人可以做一大桌饭菜。这就是差距！

在互联网的大环境下，发展速度是第一位的，慢了就等于失败了。你必须尽快加入小公司，并炼成“拉面”。

张泉灵从主持人蜕变为投资人，成长速度已经很快了，却还是觉得自己走得太慢。也经常会有朋友劝我：慢慢来，不要太急，你太焦虑了。但我心里知道，和别人比起来，其实我已经慢成龟了。

但话说回来，这难道不是在小公司最大的魅力么，能够在短时间内迅速给你撕裂般的成长。接得住，世界就是你的，接不住，不要走这趟浑水。

02 炼就卓越的能力，你就是神一样的存在

无论在大公司还是小公司，都有人抱怨学不到东西，无法提高。

要么是在小公司，抱怨业务低端，生意小，平台 Low，没法学到太多的东西；要么是在大公司，抱怨每个人的职责都很明确，发挥空间小，学不到东西；要么是整天忙得要死，却不知道忙些什么，学不到东西。

无论是哪一类问题，对于学东西，我觉得大致可以分为两类。

一类是和工作相关的，不断在工作中学到更多的工作技能和工作方法；

另一类是在工作之余，学习更多新东西，提升自我价值。

其实，无论是哪类问题，主要还得看个人的态度。

就第一类问题来说，如果你是一个技术支持工程师，你也许会认为自己的本职工作是为销售或者客户提供技术支持，只要自己能够妥善地处理相关技术问题，就称得上是优秀员工了。诚然，你的确出色地完成了自己的分内工作，的确是称职的，公司没有任何理由不给你奖金。可是，如果公司团队有三四个技术支持，并且这些技术支持的工作都做得不错，大家都会拿到奖金，那么问题来了，你可以做到的事情，别人也可以做到而且做得和你一样好，你凭什么让别人觉得你比别人更优秀呢?

也许这个时候你会理直气壮地说自己只不过是一个技术支持而已，做好了自己该做的事情，并且这个职位确实已经没有提升空间了。我到底怎样干才能让别人满意呢?

如果你真的是这样想的，那就先看看以下文字吧。

如果你觉得你或你的团队已经做得很不错了，那么我来告诉你其他团队的成员是怎么干的吧。

①他会将他经手的所有技术支持工作进行详细的记录。譬如，哪一天，接到了什么样的技术响应，自己是如何处理的；销售和客户的反馈是什么样的；是否解决了销售和客户的问题等。

②他会定期将他经手的技术支持工作进行分类，要么是按照客户类型分类；要么是按照产品分类；要么是按照售前还是售后来分类。他会将这些内容发给我，让我分享给别的 team 成员。

③他会在掌握自己公司的产品的同时，不断去了解竞争对手的产品。收集竞争对手的样本，将竞争对手的产品和自己公司的产品通过 excel 进行比较，然后提炼成 PPT，提供给销售，作为销售的销售工具。

④他会留意竞争对手的产品动态，及时将相关消息整理成文字或者 PPT 呈现给我和销售的同事。

⑤ 他会经常了解行业动态，将这些信息反馈给市场部和我。并且，他会给市场的产品经理提建议，告诉他们产品功能可能需要调整。

因而，工作中的抱怨只会让你失去学习更多东西的机会，因为就在你抱怨牢骚的时候，别人正不断地学习新的东西。

你也许会认为自己只是个前台或是个底层的小文员，没有机会也没有必要提高工作技能。的确，大多数前台的主要工作就是接电话，回答自己能回答的问题，将自己回答不了的问题转给相应的部门的相应人员。同时也负责接待访客、帮助领导或同事订餐、订机票酒店等。

也就是说，只要智商正常，大多数前台都能做好其本职工作，但是，有一个前台就有些例外。

这是一个配电产品企业的前台，每天要接电话、接待来访的客人等。经常会有客户打电话进来询问某个产品。刚开始的时候，她和其他前台一样，遇到产品咨询一类的问题就直接把电话转过去或者把负责该产品的销售的联系方式给客户。

显然，如果她一直以这种方式处理咨询问题，那么她可能一直都只能是前台。久而久之，她渐渐发现有几类产品经常会被客户问到，便从资料室找来相关的样本，并抽空仔细研读样本，就这样，当别的前台用闲暇时间聊天或刷屏的时候，她却在看样本。

当她再遇到客户咨询产品的时候，对于简单的问题，她便通过样本很快答复客户。并且在这之后反馈给相关销售，告诉销售刚才自己接到了怎样的咨询，处理了什么样的问题，客户可能会购买哪种类型的产品等。

半年过后，她几乎对那几类产品了如指掌，再面对客户的咨询时，她不用翻查样本就可以快速地答复，并且答复得很全面。

没过多久，公司里一个负责管理分销商的同事离职了，一时又招不到合适的人，于是几个销售员联名向上级推荐了她。由此，她就从前台转到了分销商管理。

事实上，在我们努力提升工作能力的同时，我们的个人价值也会得到相应的提升。在闲暇的时候，我们完全可以刷微博，我们也可以学英语；我们可以在没有事的时候看看小说，我们也可以在这种时候研究一下业务。当然，我们甚至也可以在工作闲暇之余玩手游，也可以观察一下竞争对手是怎样利用闲暇时间的。也就是说，在小公司里，你有很多机会可以玩，你也有很多机会可以学。付出总有收获，当你因为没有收获或收获甚少而感叹上天不公的时候，不如想想自己是否真的像别人一样足够努力。

03 抗压力，挺住意味着一切

抗压能力是小公司招贤纳士的重要标准。在招聘会上，他们会频频发问“对连续加班怎么看？”“人手不足的时候，你一个人扛能行吗？”“如果突然之间被裁了，你作何反应？”之类的问题。

之所以在招聘中如此看中抗压能力，这是因为，小公司成立时间不长，随时面临以小博大的挑战，他们面临很多问题，订单减少、客户要求增多、支出和收入之间需要平衡……种种压力下他们急需能一起共渡难关的员工，不希望招来一些一吹就倒、一碰就碎的“瓷娃娃”。

小公司是抗压能力训练营。

在激烈的行业竞争压力下，小公司必须要“跑得快”，否则根本没办法生存。因此小公司的员工身上普遍承载着很大的压力，繁重的工作任务以及弥漫全公司的紧张感。因而，在小公司工作，必需要有极强的抗压能力和适应性，以及情绪管控能力。并且要接受并适应“工作就是生活”的状态。

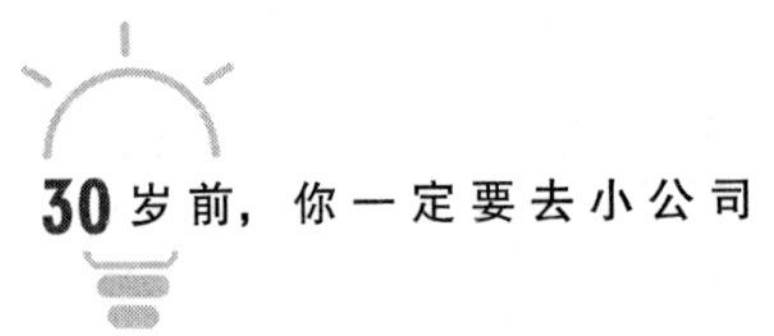

所以，小公司需要抗风暴型人才，对员工自身而言也是提高个人抗压能力的宝地。

假如你是“瓷娃娃”，你该怎么办?

假如你是一碰即碎的“瓷娃娃”，你又舍不得离开当前可爱的小公司，你该如何自我转型呢?

①自我检讨

减缓这样的压力要从自身做起。要严以律己，宽以待人，与他人有隔阂和矛盾，先检查自己，及时交谈，消除误会。要懂得单位兴旺，大家受益；单位衰败，大家损失。每个人都有其长，也有其短，扬长避短，使同事间、上下级之间始终保持融洽和谐的关系。

②理解你的老板

当你压力大的时候，也不要抱怨，你要记得，老板压力更大。在职场如战场的当下，每个人都承受着不同程度的压力，即便是领导也不例外，因为他们的责任更重。有些事情你认为老板批评你批评的不对，那是因为你没有站在老板的高度，你们对错误的评估不同。你眼里觉得是小错误，在领导眼里却是大灾难。

③就事论事

若是别人说了让你难受的话，那你要立马给自己画个圈，圈子越小越好，把问题圈住，圈死，不要想多了，不要让该问题扩散。想多了，杂念和误会就出来了，事态就扩大化了。

你单纯，职场就单纯。就这么简单。

最后，告诉你一个小秘密，咀嚼口香糖可以减轻日常压力哦，是对付日常小压力的最便捷的方法。简单的咀嚼动作不仅让你享受到愉悦的味觉体验，而且能轻松减压，何乐而不为。

04 快速执行力，低头拉车与抬头看路两不误

有一家国有企业因连年亏损而被日本财团收购，该企业的员工都盼着日方能够带来不同管理方法，然而，让他们意外的是，虽然企业被日方收购了，虽然高层管理人员也都变成了日方人员，但是企业却什么都没有变。企业制度没有变，机器设备没有变，人员没有变。大家都在想，什么都没有变，企业如何才能走出泥潭呢？企业走不出泥潭，自己的福利待遇如何才能有所好转呢？正当大家为此感到担忧的时候，日方只提出了一个要求：把先前制定的制度坚定不移地执行下去。由此，在不到一年的时间里，企业就扭亏为盈。这让员工们感到振奋，也感到不解，日方在不改变这个企业之前的制度之下，怎样做到让连年亏损的企业在这么短的时间内实现盈利了呢？日方的绝招到底是什么呢？日方的绝招只有一个，那就是执行，无条件的执行。

“决定一个企业成功的要素有很多。其中，战略、人员与运营流程是核心的三个决定性要素。如何将这三个要素有效地结合起来，是很多企业经营者面临的最大困难。而只有将这三者进行有效地结合，才能决定企业最终的成功。结合的关键则在执行。”联想集团创始人柳传志如是说。马云也曾对执行发表过自己的看法，他曾说：“孙正义跟我有一个共同观点，我们俩人在东京讲过：一个是‘一流的 idea 加三流的实施’；另外一个是‘一流的实施，三流的 idea’，哪个好？我们俩同时选择‘一流的实施，三流的 idea’。”

由此可见，执行力是是否能够成功的关键因素，许多成功者之所以成

功并非是因为他们有多聪明或是比常人多多少新奇的想法或是比常人更能遇到好机会，而是因为他们拥有着优秀的执行力。

在小公司，能练就过硬的执行力。为什么？中国的一句古朴的谚语就说明这个问题：既要低头拉车，又要抬头看路。是的，在小公司，每个人既要低头拉车，又要抬头看路。每个人都身兼数职，只要是单位的事，那就是你的事，你必须做好，做到位，不能推诿。而在大公司，部门壁垒兼顾，每个岗位都要严格的责权要求，不能逾越雷池半步。我常听有些大公司的白领这样诉苦：事不办没事，就怕自己办好事不落好。一旦办得不合领导的心意，立马就遭千夫所指，众口一词：那是你的职责范围吗？不是你的你为什么要做？以后再也不多管闲事了。

于是，一些热心的员工就变得冷硬了，他们养成了事不关己高高挂起的习惯，眼睁睁看着公司利益受损，也不伸手，就是因为怕出错被指责。

还有一点，大公司打的是阵地战，小公司打的是突击战。

大公司一般在所处领域都有一定的话语权，多年的沉淀让它们拥有丰富的资源，所以大公司往往会采取稳扎稳打的发展模式，即使是改革或转型，也是分步骤有计划地进行的，不会猛然大转身。这种打法像战争中的阵地战，拼的是整体实力。小公司则不同，它们没有资本跟大公司对垒，只能另辟蹊径。所以小公司要么掌握了更先进的技术，要么占据了更多的用户心智，要么开发了更新式的玩法，总之，跟大公司相比，它们一定要拥有某个方面的突出特点。围绕这个点，小公司采取的是突击战打法，拼的是快速行动，出奇制胜。这很能锻炼员工的快速执行力。

再者，小公司的未来具有很高的不确定性，尤其是对于仍然尚未盈利的公司而言。当然，这种不确定性其实是很多创业者非常喜欢的感觉，把不可能的事情确定下来，是很鲜爽的人生体验。

为了带出高执行力的团队，小公司的领导也要以身作则。

我总结了一下一些创业者失败的原因，他们都很聪明，但聪明人最大的问题，就是把问题想得太大，点子太多，每天上班都有新点子，最后小团队无法执行。为了避免重蹈覆辙，你需要把自己的好点子落实下来，就比如你想走某个方向，最好挑一个领域，六个月之内打造出一个原型，满足真正用户的需求，而不是满足所有人。不能希望解决所有的问题，只能解决一个问题。只有如此，才能慢慢扩大到更多人群。一言蔽之，需要聚焦。

再以吸引投资为例，在讲述你的创业计划时，创业者不要把什么事都讲得太远、太宏伟，让投资人不知道钱进去会发生什么。如果能把业务切分成 18 个月，下面要做 ABC，18 个月内能解决什么问题，达到多少人使用或能卖出多少等，给自己一个阶段性目标，确认这个目标值超过你现在要求的估值，投资人可能更能接受这种符合游戏规则的感觉。一味地憧憬三五年后能上市，他们可能比较难接受。

另一方面，在内部管理上，创业者要鼓励员工积极参与提出合理化建议，积极参与基础作业标准的制定等，并了解企业愿景与战略。让员工参与提合理化建议和制作作业标准等，既能利用员工的智慧，又能让员工感受到被重视，同时还使得员工在执行自己参与制定的内容时积极性更高，进而有效地提升执行力；而让员工了解企业愿景与战略，将使得员工认识到企业发展前景，进而意识到个人发展空间，工作起来会更有融入感，这也有助于员工提升执行力。

05 学习能力，善学者无止境

先来听个故事。

陈家两姐妹的故事。

姐姐叫丽丽，妹妹叫静静。

姐姐，北京某名牌大学中文系本科毕业，一毕业就进入了大公司，事业单位，某出版社。

工资高，待遇好。很安逸。买房结婚，日子安稳。

妹妹高中毕业，高考落榜，就跑北京奔姐姐来了。

因为学历低，找了一个月，勉强在一家小茶馆找了份打扫卫生的工作。

妹妹每天打扫卫生的时候，都抽空盯着茶馆主人的动作看，平时也会留意老板读什么书，说什么话，潜移默化中，就有所变化。

后来茶馆生意好了起来。单位要招聘茶艺师。静静轻声说：我想试试。

老板说：我们要求有茶艺师资格证。

静静微笑着说："我有"。

老板吃惊了。原来，静静业余时间考了茶艺师资格证书。

这两年，传统文化事业抬头，茶馆业务蒸蒸日上，开启网络销售平台，需要招聘摄影师。

静静这姑娘又悄悄地站出来毛遂自荐：我想试试。

老板说：你有单反吗？

静静自信满满地说："我有，我还有作品呢。"

老板让她拿出来看看，静静就拿出来看看，老板又惊到了。

原来，静静喜欢茶艺，喜欢摄影，就偷偷读书，又攒了钱买了单反，作品已经很有感觉了。

现在，小茶馆成了文化公司，静静成了经理。

这时候，在出版社工作的姐姐失业了。事业单位改国企，姐姐这些年一直安稳，知识结构没有任何变化，文史部门业绩连年倒数第一，被砍掉了。

职场不如意，姐姐失落，脾气不好，闹着闹着婚姻也闹黄了。

现在，姐姐跟着妹妹混，当妹妹的文字助理。

陈家两姐妹的例子再一次教育我：学习力，才是永久就业力，才是持久幸福力。

现如今，知识更新的速度犹如风驰电掣。因此，学习力成为了最本质的竞争力，也是最活跃的创造力，还是最可贵的生命力。无论在哪里，善学者永远都受到青睐。也许许多人因为一毕业就将学校所学完全忘光而感到不安，事实上，这种不安是不必要的，因为在历史的长河中绵延很久的“一次性学习时代”已告终结，也就是说，学习，真的一辈子的事，想要更好地生存下去，也必须将学习持续一辈子。

小公司，能无限壮大你的学习力。

身处学习型组织，有创新的环境。

学习创新最好的方式之一就是加入一个极具企业家精神的团队，因为我们可以从企业家的身上学到很多东西，企业家往往能够敏锐地发现一些问题并找到更为高效的解决方案，在他们的指引之下，你往往能够得到更快的进步。

在小公司工作的另外一个显而易见的好处就是你会发现因团队中的其他人对工作的热情和激情而使自己得到激发，从而催生出真正的创意，提高自身的学习能力。

在小公司两个月所学胜过在大公司五年所学。

有些时候，在小公司工作半年所学到的东西比在大公司工作几年所学到的东西还要多，这主要是因为在小公司中你不得不同时负责多项工作，从而促使你去学习新技能，去承担更多的责任，去接受挑战。

在小公司中，快速学习的能力还能让你获得更多的机会，做更多的事情，如此一来，你在快速获得知识储备的同时潜能也得到了激发。这些都将成为你找下一份工作的时候的外加筹码，能够给你带来更多的工作机会。如果你打算自己创业，这样的经历也会给你带来巨大的好处。

假如你想当老板，随时开始自己的冒险历程。

如果你一直在盘算着自己当老板，加入一家初创公司是最好的学习方式。在初创公司你能够学会如何设定目标，如何执行公司策略，如何将产品投放到市场，以及如何运营。在初创公司，你或许还会被要求去做一些行政工作，这就能让你学会更多的创业所需的技能，你会发现创办一家企业需要做很多细枝末节的事情：你必须给公司起一个名字，设计一个Logo（标识），寻找办公场地，处理法律上的事情，还要找一家保险公司；各种烦琐乏味的事情都要亲力亲为。如果去大公司工作，这些东西就都是现成的，不用你操心。

以上这些收获都是你在一家中型或者大型公司工作无法得到的。

06 在小公司里攒足“心理资本”

简单地说，心理资本就是说“你是谁”，也就是指一个人的心理状态、心理素质。

无论是老板还是员工，都有一个心理资本，工作业绩的好坏直接取决于心理资本的状况。相关权威机构研究表明：员工的心理资本增加2%，就能多为企业创造10%的利润。由此可见，心理资本是实现人生可持续发展的原动力。

心理资本帮你称霸职场。

许多大学生村官都梦想着“创业，带领村民共同致富”，成功者则寥寥无几。不是找不到适合本村实际情况的项目，就是缺少资金和技术导致项目初期夭折，还有不少人投入大量人力物力精力后又因为种种原因而无奈放弃。而这些“种种原因”大多数时候都是因为心里资本状态不佳。下面我们来看看心理资本在创业的过程中到底有多重要：

小罗是个海归博士，他先后放弃了上海年薪几十万的工作和法国驻武汉领事馆的工作，一个人跑到湖北一个小山村当村官，带领乡亲们种蓝莓，创业。几经失败，最终成功。

最穷的时候，小罗身上只有不到60元钱，连坐摩托车都要“赊账”。可是现在，他成了小明星，事业拓展到生态食品、生态旅游。

讲起曾经吃过的苦，他只是笑眯眯地说一句：“其实还挺好玩的。”

“大无畏乐观主义”是小罗给自己贴的标签。他说能够创业成功，多亏了这样“大条”的性格。而这样“大条”的性格，就是当年他从法国归来后不去大公司，不去领事馆，而去当地一个小型果园生态农业公司打工锻炼出来的。“别看那只是一个农业小果品公司，但我练就了强大的心理素质，比如秧苗遭虫害，旱灾时扛着粗重的胶皮管满山寻找水洼，以及为了销售发愁住在菜市场小阁楼里冻的睡不着。没有那些经历，就没有我现在的心力。”

很显然，小罗所说的“大条”，就是心理资本。

心理资本的内涵何在？

事实上，大家很早就发现人的心理状态和心理素质对生活及工作存在着至关重要的影响作用，只不过近些年才被人用作企业或者职场上的一种资本概念提出来，并加以系统的分析研究。

心理资本至少包含以下几个方面：

主观幸福感：顾名思义，就是自己觉得幸福，或者说自己有幸福感。

许多在小公司工作的人，虽然每天都很累，但都是累并快乐着，他们自己能够切身感受到快乐与幸福，是一群快乐幸福的人。

希望：简单地讲，对未来有所期盼，试想一个对未来毫无盼头的人如何能够全身心地投入工作？

在小公司里，也许金钱并不充裕，但是希望却足够充裕，充裕到每个员工都可以尽情地、无限量地拥有。

情商：感觉自己和他人的感受、进行自我激励、有效地管理自己情绪的能力。

小公司里的人情商都很高，以大局为重，为团队着想。

乐观：乐观者把不好的事归结到暂时的原因，而把好事归结到持久的原因，比如自己的能力等。

不是乐观的人，根本不会在小公司待。留下来，是因为他们看到了乐观的未来。

韧性：从逆境、冲突、失败、责任和压力中迅速恢复的心理能力。

在小公司，拼的就是韧劲，不到最后一刻，决不放弃努力，绝不认输。

组织公民行为：自觉、自发地帮助组织、关心组织利益，并且维护组织效益的行为，它并非直接由正式的赏罚体系引起。

在小公司，老板是自愿创业的，员工是自愿加盟的，大家为了一个共同的目标走在一起，行动高度一致。

从任何一个方面分析，在小公司，每个人都能赚够心理资本，成长为打不死的“小强”。

心理资本的升值空间是最大的。

相对于资金、市场和技术资本，心理资本的升值空间是最大的，因为人生来不可能有资金、市场及技术这些必须综合后天的多种因素才会获得的东西，但是人的潜力空间却是生来就有的而且是巨大的。优质的心理资本可以带来决定性的竞争优势，能够很好地承受挑战和变革，从而使拥有者可以成为成功的员工、管理者以及创业者。

心理资本优秀的管理者和员工能够大大提高企业的核心竞争力。正因如此，许多真正成功的企业向来不担心其他公司的挖人行为，因为一个企业最多只能挖走一个优秀企业的优秀员工，但是挖不走优秀企业的精神和文化。

心理资本并非虚无缥缈的概念，它是可以被企业或个人有意识地获得、保持和提升的。当一个企业将目光全部放在资金、市场和技术方面，那么员工的能力提升也个人的只限于知识和技能，只有知识和技能的提升显然是不够的，是会落后于时代的。除了知识与技能之外，还要加强对自我的认识和提升，不只把工作当作增长物质财富及经验值的东西，还要把工作当作自我升华的过程，从而主动进行自我潜能的激发。只有这样才能真正提高心理资本的品质。

07 在小公司里找到“逼格感”

很多原本钟情于去小公司的毕业生后来改道去成熟大公司的原因还在于，小公司经常被人诟病为“野路子”。我表示理解，这种担心就像有些因为大人的过错而背上名誉黑锅的“野孩子”一样。

小公司做事难免有“野路子”的情况。

在小公司，生存高于一切。但是这里也有一点危险，就是一直在为生存而战斗，“野路子”的成分不可避免。

为什么小公司做事会有“野路子”的情况呢？这主要由于初创的情况决定的。因为公司小，资源小，所以很多事情都会想紧着用，而且有时候为了最快速度响应市场，往往会走一条“急学先用，立竿见影”的路子。有时候我们遇到紧急情况会想着，怎么管用怎么来，但是长远累积下来，你会发现未必会得到一个最优的解。

为了避免小公司的“野路子”之嫌，需要你在日常的工作中注意修炼大公司思维。

在小公司内修炼大公司思维。

虽然大公司总是让人诟病，但这不是你不从大公司学习东西的理由。你要从那些在大公司上班的优秀白领身上学习什么呢？

①规范化的做事方式

一个职场新人，从概率上说，做事情基本上都是非常水的。不管你有多大的激情，不管你有多高的能力，你参加工作的第一年，你手里出来的活基本上可用性都是很低的。这个阶段，如果你按照一套相对规范的工作体系工作，有助于培养你做事的好习惯。所以，你需要向那些在大公司混得不错的大哥哥大姐姐们学习，学习他们规范化的做事方式。你可以理解为一种职业习惯的培养，比如怎样和不同的人沟通；怎样促成合作；怎样和不同部门的人协作；怎样独立出活独当一面。这些都会有一些经验规则，你需要学会这些规则，并且熟练运用，这会成为你后续工作中的宝贵财富。

②流程化的思考训练

大公司的大在本质上是依靠一整套流程化的制度体系来规范和管理的。由于规模大，所以分工必须细，于是，严格制度和规则便应运而生，为了配合这些制度和规则就必然要约定流程，流程促使每个人的分工精细，员工各司其职，形成一个整体。

大公司的流程化的思考，也不是一无是处，对个人的成长也会有帮助。我个人把流程设计、制度编写等工作称为“人肉编程”，也就是通过规章来调度资源的分配、人力、物力、财力的使用，就像写了一首曲子一样，你需要让不同部门的人分工协作好。

即便在小公司工作，也要让自己有这方面的思考。如果你有机会参与到流程的设计中，也最好以一个流程设计者的视角去看待相关问题。当然，就算你没有机会，也不要始终以一个“螺丝钉”的视角去思考你的工作，否则你可能永远只能做一个“螺丝钉”了。如果在小公司还要当“螺丝钉”，那么恭喜你，你永无出头之日了。

③平台化的格局视野

大公司最大的优势就在于“大”，也就是平台大。平台具有杠杆的作用，同样的力量在平台上，可以得到成倍的发挥。例如你刚参加工作不久，便成为了一家开发银行的项目经理，你所负责的项目的贷款额度可能会到亿元以上级别，你在工作中需要接触的客户，也会在企业家级别，这对于一个刚刚工作不久的人来说，算是十分珍贵的机会了。如果能用好这个平台，你的思考格局与视野势必会得到飞快的提升，从而也能为自己未来的发展储备足够的力量。人的成就往往不能超越其格局大小，而在大的平台上，你接触的案例足够多，你思考问题的方式也会不一样，你做出的东西更会不一样。

可是在小公司，如何找到这种思考格局和视野呢？很简单，你只需要纠正一下你对公司的基本认知。

我们通常所说的大公司和小公司，是从企业规模来说的。其规模包括很多方面，如企业营收、企业利润、企业发展时间、企业人数等。可是通常情况下许多人仅仅从企业人数、办公楼豪华度、企业厂房大小、企业发展时间这四个方面来认定的，而忽略了营收、利润率、行业等特定因素。

有个在某口腔医院工作的小护士，人家从来都认为自己是大公司的员工，很有逼格。她能有这种想法就是因为她能从行业特征、本公司的发展空间、自己在公司内的发展空间等方面全方位思考。所以，她自我感觉好，自我要求高，在工作岗位上得到了很好的锻炼，后来被猎头公司看中，跳槽到本地一家知名口腔医院任管理者去了。

做到了以上这几条，你也就具备了大公司的成熟度，具有了“逼格感”，不用去大公司“蹭”了。

第七辑
和小公司一起发展，你需要注意什么

01 要时刻保持野心和企图心

在小公司里，最怕你失去“鹰性”，也就是失去野心、企图心。

是什么让创业型企业如雨后春笋般层出不穷？是人们对成功的企图心。

是什么让少数创业型企业迅速做大做强？是团队的野心。

“过去几年到底什么促使我们成长。可能是因为我们很努力，可能因为我们很有运气，可能是我们几个合伙人能力互补等。但是最终的结果是，野心让拉钩网走到今天。”

许单单进一步解释说：“我们自己这帮人很有野心，包括我们三个创始人，当年都拿着很高的工资，后面跑去创业，前面三年的时间几乎都是拿五千块钱的工资。生活都变得很糟糕。但也是因为有野心才愿意坚持下去做，不想做一个普通的上班族。回头看我们最早的几个员工也是一样，最开始的这六个人到今天一直都没有离职，全部都在拉勾网。”

这是 3W 咖啡和拉勾网创始人许单单在一次名为“最具潜力的互联网创业公司”沙龙活动中的成功心得！

是的，所有成功的小公司，都是野心驱动型公司。据我所知，大部分小公司的员工并不是屌丝，而是不乏从大公司跳槽过来的强人，比如拉勾网在招聘时，很多百度、新浪的员工都投了简历。为什么这些从新浪、百度工作的员工，转身去新兴的小公司呢？因为他们也有野心，他们也想和公司一起成长，创造一个更好的未来。

说到小公司的野心，就不能不提滴滴打车。我是个保守派，对传统的出租行业情有独钟。最开始听说滴滴打车的时候，我觉得这不是个正经玩意儿，和小区门口的黑车同样是野路子吧。春天的时候听说有 Uber 司机被抓，我还为自己的固执庆幸，可转眼人家就合法化了。滴滴成功了！估值是好几百亿美元!

若没有野心的驱动，企图心的坚持，滴滴的出现，也只能是昙花一现吧，就和你我做梦中彩票一样。

工作就像打仗，没有野心打不了胜仗!

拿破仑说过：不想当将军的士兵，不是好士兵。哪个大人物没有野心？比尔·盖茨如果没有野心，微软的产品怎么会遍布世界各地？巴菲特如果没有野心，怎么能成就他的“股神”地位？正是因为他们有野心，所以他们才能不断地超越别人。

从心理学的角度来看，野心有提高自我评价、增强自信心的作用。只有我们保持自己的野心，才能激励自己不断地进步和学习，也才能为自己创造更好的生活。以下的这个例子很能说明这一点：

小张凭借自己在电脑方面的优势进了一家外贸公司，因为做得很不错，一年以后，他就被提拔为小组长。

两年以后，小张再次升职，成了部门主管。虽然大家都承认他的能力很强，但是对他能这么快升职还是感到惊奇。

又过了不久，小张又获得了一个总经理的面试机会。考官问他为什么来面试这个职位，小张说：“因为我时刻为我的野心保鲜，而且事实证明，我的野心确实为我不断升职提供了很大的动力。如果我做总经理，我的野心能够为公司的发展提供强大的助力。”

考官又问：“为什么野心能帮你呢？有时候野心不一定是件好事。”

小张笑笑说：“保持野心是让我不要安于现状、不要故步自封，也只有这样才能让我不断学习，只有学习才能让人强大。”

最后，小张顺理成章地成为了公司的总经理，还带领公司开创了一片大好前景。

在小公司如何刺激自己的野心

1. 时刻牢记梦想

《欢乐颂》中，傻白甜邱莹莹每天早上抱着成功学哇啦哇啦朗诵啊宣誓啊，被安迪批评了。其实，我倒是觉得没啥，每天都要给自己打点“鸡血”，你可以不动声色默念，也可以朗朗上口读出来。只要能打动自己，让自己苏醒，都是可靠的形式。目的就是每天醒来第一件事就是给自己聊聊梦想。

2. 有野心但不能不切实际

目标的设定一定要尽可能的实际，切忌对那些不可能达到的目标抱有太大希望。挫败感最容易在不切实际的目标达不到之后产生，随后便逐渐对自己失去信心，野心也会被慢慢地击垮。再者，太不切实际的野心也会让自己内心变形，痛苦徒增。

3. 有野心也需要放松

劳逸结合是提高工作效率的一人妙方，谁都无法永远使能力处于巅峰状态，适当地放松等于为自己加油充电，从而使自己能够保持最佳状态。

02 用大公司的职业化标准要求自己

拿破仑有一次检阅军队，按照惯例，指挥官跑到拿破仑跟前，以非常清晰的口齿报告：“报告将军。本部已全部集合完毕。本部官兵应到三千四百四十四人，实到三千四百三十八人。请你检阅。”拿破仑非常满意地点点头，说：“很好。”然后又回头对他的参谋说：“记住这个指挥官的名字，数字记得这么准确的人应该受到重用。你们以后也得向他学习，给我汇报时尽量用精确的数字说话。不要用大概、可能、也许、差不多这样的话。”

这位博得拿破仑好感的指挥官，干脆利落地说出了部队官兵应到实到的人数，显得非常专业和细致。用数字说话，既显得职业化，又能给人以最基本的信任感。

如果你觉得用拿破仑时代的事例去说明“职业化标准”缺乏力量的话，那么就再来看看另一个现代职场故事吧。

经理让新来的实习生复印一堆文件，实习生手脚利索，很快就把复印件交到了经理的面前。经理看后，却大为不悦，说了一句“毕竟是刚进社会的大学生呀，就是不够职业。”原来，那个实习生复印完毕后，并没有把文件整理、装订，而是将一大堆复印件一股脑儿地给了经理，似乎暗示说，复印的任务我完成了，剩下的你自己来吧。

通过这两个故事的对比，我想引起大家对职业化的重视。职业化是成功的代名词，也是职场人士最强的竞争力，是生存的硬道理。有人这么计算：工作价值＝个人能力 × 职业化的程度。如果一个人有100分的能力，而职业化的程度只有50%，那么其工作价值显然只发挥了一半。

员工不够职业化是小公司的痼疾。

职业化问题，在小公司比较突出。我有几个师弟创立了一个法律服务APP。上周我给他们拉了单业务，在我的牵线下他们和客户约见，说好上午10：00在他们所见面，结果我那师弟迟到了一刻钟，理由是堵车。他还一身休闲装打扮：圆领T恤、牛仔裤、脚上蹬一双旅游鞋。尽管他也拎了一个公文包，但当事人看到眼前这个律师的着装，禁不住还是问我，你这朋友靠谱吗？这样的律师够专业吗？这样的律师能打好官司吗？这样的律师能维护我的利益吗？我被问得脸都红了。

送走客户后我批评了师弟，他却一脸不在乎地说：“姐，他不也是在小公司做事嘛。咱们小公司，把事给人家办漂亮就行了呗。”

可是，你穿得吊儿郎当的表现过于随意，一点都不职业，凭什么让人家相信你能把事办漂亮？

很多小公司的朋友都穿着随意，言谈随便，这会给自己招来误会，以为小公司出来的人不职业。觉得小公司制度设置不齐全，流程管控不成熟，感情用事和人治的色彩太浓。包括好多大企业在面试从小公司出来的员工时，也会有这种顾虑。

所以，为了日后的发展之路更平顺一些，身处小公司，我们做事做人也要用大公司的标准来要求自己，让自己看起来更职业化一点。

什么是职业化？

一个人获得职业技能，形成职业行为，塑造职业素养的过程就是职业化，职业化的终极目标在于提高个人的劳动生产力，实现企业收益的最大化。标准化、规范化、制度化以及企业员工的理性化和自主化都是职业化的体现，是实现“事”与“人”协调一致的状态。职业化是个角色化的过程，就像扮演一个角色，你的思维方式、言行举止必须符合这个角色的要求，按照角色的要求去做，按照这个角色的标准去思想和生活。这个角色的大部分标准是事先设定的，如果你选择了，你就必须接受。如果你不想成为一个职业人士，你就不必选择进入职场，或者你选择你愿意接受标准的那个职业。

好好进行职业化的三项修炼。

职业化的内涵可以界定为三个方面：职业技能、职业行为、职业素养。说到底，职业的本质是负责。为了能完成企业赋予你的职责，你必须有合适的心态（职业素养），具备合适的能力（职业技能），用合适的方式（职业行为）去达成目标。

想成为一个职场人士，你应该从以下三个方面进行修炼。

①职业素养是指职场、企业、团队对员工的心理成熟度和情感忠诚度的要求。有一定职业素养的员工要有思想品德，有职业道德，有团队协作精神；忠于公司，尊敬老板，善待同事；同时还要有事业心。

②职业技能是指工作岗位对工作者专业技能的要求，职业化必备的职业技能主要有：角色认知、正确的工作观与企业观、科学的工作方法、职业生涯规划与管理、专业形象与商务礼仪、高效沟通技巧、高效时间管理、商务谈判技巧、客户服务技巧、情绪控制技巧、压力管理技巧等技术方面的要求。当然，这其中也包括职业资质，比如律师从业人员首先需要获得法律职业资格证，会计人员需要会计师资格证，教师需要具备教师资格证等。

③职业行为更多的体现为遵守行业和公司的行为规范，职业行为也包含职业人对工作、企业、老板、同事、客户、自己等方面的行为规范。各行各业都有自己的行为规范，每个企业也有自己的行为规范，一个职业化程度高的员工，无论进入哪一领域，都会严格按照行为规范来要求自己，包括选择符合企业文化和企业标准的方式处理问题。任何问题都是有解决方案的，但同一个问题的解决方式有很多，是否能选择符合公司文化和标准的方式，也反映着一个人职业化水平的不同。

03 在小公司的那几年，每天都要把公司的事当自己的事业干

在小公司的那几年，你一定要抓紧历练，快速成长。其次还要摆正自

己的心态，尤其是下面两种心态对你至关重要。

第一，老板心态：我在哪里工作，我就是这家公司的老板。

带着老板心态工作，可以让你在小公司既学会做事，又学会做人。你在工作的时候是否带着老板的心态？是否以老板的角度思考问题？

老板与员工最大的区别就是：老板把公司的事情当作自己的事情，员工则喜欢把公司的事情当作老板的事情。在这两种不同心态的驱使下，他们工作的方式也截然不同。老板，不用说，任何关于公司利益的事情他都会去做。但是有些员工在公司里却往往只做那些分配给他们的事情，对于其他的事情，他们往往用“那不是我的工作”“我不负责这方面的事”等说辞来推托。

我们无法一一列举出老板应该思考的所有问题，但毫无疑问的是，当你以老板的角度思考问题时，你就能逐渐地像老板那样积极主动地工作，忠于自己的事业，并对自己的所作所为负起责任。

小李从国内一所知名的管理学院毕业时，有几家大公司都有接纳他的意向，最后他却决定去一家规模较小的公司做总经理助理。对这样的选择，他的同学表示不理解：在实力强的公司工作，起点不是更高吗？干吗自讨苦吃，再说，助理的工作不就是打杂吗，说好听点儿，就是收发文件、做做记录。几年过去了，小李从一个初出茅庐的毛头小伙成长为一家年盈利过百万元的公司的老总。有一次，当别人称赞他的能力非凡时，他谦虚地说：“其实，我刚参加工作时所做的总经理助理工作使我受益匪浅。正是由于每天接触公司的各种文件、资料，才使我了解了作为一个领导的管理思路；正是记录一场场的会议过程，让我清楚了企业是如何经营、如何决策的。我做的虽然是一件件小事，但是，如果从老板的角度来看待，就能看出价值的所在。”

正所谓：读万卷书，不如行万里路；行万里路，不如阅人无数。小李的这番“取经”经历对我们很有启示。

在老板看来，管理不过就两件事情：一件事情是扩大业务范围，增加业务收入；另一件就是降低管理成本，控制运作费用。其实这两件事最终是一个目的，那就是为了提高利润，所以归根到底老板是看利润的，利润要从管理中来。

无论什么时候，作为员工的你给老板进行提案的时候都需要在以下两个方面下功夫：1. 扩大收入；2. 降低成本。脱离了这两个方面，无论你浪费多少口舌，大多数老板都不会重视你的意见的，甚至根本不会听你说什么。因而，扩大收入与降低成本这两个主题是你得以与老板实现真正有效沟通的基础。在你看管理问题的时候，也要学习老板的办法，因为这么做既能提高公司的效率、增强企业的竞争力，又能提高自身能力。

当以老板的心态来要求自己时，你就不会只以达到公司的目标为满足，反而会以一个更高的目标要求自己，这等于是在挑战自己，而不是做给老板看。

刚到一家公司时，小吴只是一名普通的出纳。起初向老板汇报工作时，只是简单地汇报一些数字。时间久了，小吴觉得自己的工作还有很多需要改进的地方。于是他想：假如我是老板，我会希望财务人员更多地给我提供些什么信息。他想到不应该仅仅是完成每个月的损益表，而且应该有更多的分析，分析企业经营的状况、得失和可能存在的风险所在。于是，小吴在以后的汇报中向老板呈上了自己精心准备的这方面的资料，老板对他的主动精神和工作业绩很是满意。时间久了，老板觉得他这个人不错，便调他到自己身边做秘书，而且大事小情都和他商量。

总之，老板看问题的时候总能直达问题的核心，站在全局之上算大账；员工则极容易因自己的职位限制而被表面现象所迷惑。

一个有心的员工，在平时工作的时候会有意识地以老板的心态要求自己，把工作中遇到的事情当做经验与知识积累下来，时间长了，自然就有了做老板的资质。

第二，事业心态：哥做的不是工作，是事业。

不论从事多小、多平凡的工作，你都要有事业心，把每一件事当成是自我价值的体现。记住，心态决定未来！

瓜子二手车直卖网人力资源副总裁邱琳在接受采访时谈起她的用人观，十分强调员工把工作当作事业来做的责任心："当一个人把工作当作事业来做的时候，投入度会很高；而当一个人把工作当作做一份工的时候，到点就下班了。"

下面这个砌砖的故事被用了无数次，但每次读来，我都激动不已。

三个工人在砌一面墙。有一个好管闲事的人过来问："你们在干什么？"

第一个工人爱理不理地说："没看见吗？我在砌墙。"

第二个工人抬头看了一眼好管闲事的人，说："我们在盖一幢楼房。"

第三个工人真诚而又自信地说："我们在建一座城市。"

十年后，第一个人在另一个工地上砌墙；第二个人坐在办公室中画图纸，他成了工程师；第三个人呢，成了一家房地产公司的总裁，是前两个人的老板。

是啊，工作的心理态度决定了日后的发展高度，仅仅十年的时间，三个人的命运就发生了截然不同的变化，是什么原因导致这样的结果？是事业心态！

你自己都看不起你的工作，那神也不会辅助你。你自己对自己肃然起敬，那路人也都另眼看你。一个人的成功与否，与他看待自己的态度，和做事的态度密切相关。

丢掉"打工者思维"，像老板一样积极思考。

如果你既没有老板心态，又没有事业心态，那你有的就是最不值钱的"打工者思维"了——认为自己不过是个打工的，不用操那么多心，在老板手下做一天事，拿一天钱，什么时候不开心，就辞职走人。至于公司的前途，跟他们无关。

显然，老板绝不会对这样的人委以重任，因为他们处于随时都有可能出逃的状态。

你应该把职场上的每一件事，都当成自己职业成长的机会，不管你自认为是顺境还是逆境，是好事还是坏事，都应该拿来提升自己。

从长远来看，工作本身并不是为了老板，因为整个工作过程中的酸甜苦辣与得失教训最终只会成为你的专属与财富。因而，永远比别人多走一步，才能在这个变幻无常的社会比别人更多一些自主和掌控的力度。

04 把事做到位，你和公司才能一起蒸蒸日上

很多人都在工作，但很少有人能把工作做到位。

比如有人负责一份报告，进行了六七个项目的申报，结果这个资料不全，那个资料不准确等，虽然所有内容都在报告里，但是还是迟迟得不到审批。这就是做了却没有做到满意的效果，也就是做得不到位。

说了不等于做了，做了不等于做对了，做对了不等于做到位了，今天做到位了不等于永远做到位了。

这是海尔创始人张瑞敏时常对海尔人说的话。其实，提出自己的管理口号，制定了自己的战略目标的企业不在少数，而能将这些口号目标“做到位”的企业少之又少。因为这些需要全体员工的努力，共同坚持把工作“做到位”才能实现。而海尔“日清日毕，日清日高”的目标管理方法，本质上就是对每个人工作到位的最基本要求。

在小公司工作，很容易做不到位。

在小公司工作，很容易偷懒耍滑磨洋工。大家主要是凭兴趣和自觉做事，小型公司不苛求制度化约束。他们是简单的人，不喜欢强求，也信任下属，不那么重视监督，基本上不会死盯着员工，他们侧重于结果考核。

所以，你若不自觉，想偷懒，那机会多得是。可以几个小时完成的事，你可以做一天，可以高质量完成的事，你却只是勉强交差。大量工作时间处在“蛮做”、“盲做”、“胡做”状态，如何创造价值?

没有价值，你的远大理想啥时候能实现?

小公司是最经不起你不到位的。因为每个人肩上都扛着好多活，你做不到位，就会给团队其他人的工作带来很大的麻烦，大家都过来补窟窿，损失一大片。

工作最怕不到位，到位才能有好位。

阿诺德和布鲁诺同时受雇于一家店铺，拿着同样的薪水。可是一段时间以后，阿诺德青云直上，而布鲁诺却仍在原地踏步。

布鲁诺到老板那儿发牢骚。

老板一边耐心地听着他的抱怨，一边在心里盘算着怎样向他解释清楚他和阿诺德之间差别。

“布鲁诺，”老板说话了，“您去集市一趟，看看今天早上有什么卖的东西。”

布鲁诺从集市上回来向老板汇报说，今早集市上只有一个农民拉了一车土豆在卖。

“有多少？”老板问。

布鲁诺赶快又跑到集市上，然后回来告诉老板说一共有 40 袋土豆。

“价格是多少？”

布鲁诺第三次跑到集市上问来了价格。

“好吧，”老板对他说，“现在请你坐在椅子上别说话，看看别人怎么说。”

阿诺德很快就从集市上回来了，向老板汇报说，到现在为止，只有一个农民在卖土豆，一共40袋子，价格是多少；土豆质量很不错，他带回来一个让老板看看。这个农民一个钟头以后还会运来几箱西红柿，据他看价格非常公道。昨天他们铺子的西红柿卖得很快，库存已经不多了。他想这么便宜的西红柿老板肯定会要进一些的，所以他不仅带回了一个西红柿做样品，而且把那个农民也带来了，他现在正在外面等回话呢。

此时，老板转向布鲁诺，说：“现在你知道为什么阿诺德的薪水比你高了吧？”

这个故事的名字就叫《差别》，很形象地说明了这样一个道理：工作做到位，职场才能有好位。

做好老板的“替身”，让老板省心

老板派一位员工去买复印纸。

员工就去了，买了三张复印纸回来。老板大叫，三张复印纸，怎么够，我至少要三摞。员工第二天就去买了三摞复印纸回来。老板一看，又叫，你怎么买了B5的，我要的是A4的。

过了几天，员工买了三摞A4的复印纸回来，老板骂道：怎么买了一个星期，才买好？

员工回：你又没有说什么时候要。

就买复印纸这件小事，员工跑了三趟，老板气了三次。老板只能摇头叹道，这个人做事太差了！

员工心里会说，老板能力欠缺，连个任务都交代不清楚，只会支使下属白忙活！

问题出在哪呢？

员工为什么不能做老板的替身，站在老板的角度上想这个简单的问题。老板日理万机，精力有限，不可能根据不同的对象发布详尽确实的指令，新员工，老员工，A 部门的员工，B 部门的员工，……这就需要你自己好好领悟，但你要牢记，领导吩咐你做事不是为了让你练跑腿消耗卡路里的，是要你帮他解决问题难题的。他的目的是什么，要我解决什么问题，我如何才能让他百分百满意，这些都是你行动之前需要理清的事。去买复印纸之前，应该就去相关部门了解一下平时都用什么类型的纸，一般一次采购要多少，然后再行动。

在小公司，如何养成凡事做到位的习惯呢？

①任务明确：在行动之前要明白领导期望的最佳效果，拿出最佳方案，努力努力再努力。

②自我要求：自己对自己有更高的要求。做事绝对不能满足于交差。

③细致入微：工作中的失败，往往不是因为“十恶不赦”的错误引起的，而恰恰是由那些你认为不足挂齿的“小错误”积累成的。产品的胜出，往往是细节的差异造成的。所以，要抓大不放小，凡事都要做到你所能做到的最好。

05 当你看公司死活不顺眼时，不如趁早滚出

前面我讲过媒体老朱的故事，在某报社任职多年，后来单位裁员失业的那个。

现在，接着汇报他的近况。

老朱胆小，不敢跨界，还是吃“老本”，于是离开报社后，在某小旅

行类杂志社找了个工作。现在，老朱的发展如何呢？

平面媒体环境不好，这个杂志社也不景气，几经裁员，只有六个人：领导、财务、销售（老朱）、文员、新媒体。其他像编辑和美编之类的活计全都外包了。

必须说明一点，以前公司很大时，老朱总抱怨自己名片抬头级别太低，只是个客户经理，不好开展工作。老朱拿着这一点事说了好几年。现在，老朱的职位是销售总监，这是他梦寐已久的。以前他发过誓，换个抬头，他就能折腾出大动静拉到大单子，真的如此吗？

假如你以为他如鱼得水那就太不了解“借口癌”患者的心理了。

不为成功找方法只为堕落找借口。这才是“借口癌”患者的人生真实写照。

今年六月份，在公司快要发不下工资来的时候，领导终于从一个公关公司的朋友那里嗅到“肉”——某汽车品牌有意投放旅游媒体，有400万的投放量。现在公关公司看好老朱单位的明星资源，想联手把这单子争取过来。

单子成了，公司下半年的工资和年终奖都没问题了。领导动员大家都行动起来，众志成城加班加点拼死也要把单子搞定。

外聘的策划案子做得不好，两个回合后领导把策划的活交给老朱，让他想方设法把策划案写好，令客户满意。

老朱随便糊弄了一下，客户不满意，老朱就来了脾气了。理由还是那么多：

我是个销售，我不会策划，我只会约见客户。

让我想方设法，我有什么办法？我又不是领导。

领导就没本事，有本事自己找朋友帮忙啊。

这么大单子，明明吃不下，非得逞能。真不自量力。

……

老朱一言不合一事不顺就给我抱怨，我被他抱怨烦了。其实我特别想回敬他一句：你满眼都是别人的问题，你自己就是大问题！

老朱说真不是他的问题，是单位的运作模式问题，他举例说他朋友海涛做了个旅游类的网站，只是发一些旅游的资讯和游记，没有平面媒体，也做得风生水起的。

我建议他自我反思一下，自我检讨一下，我还没说完，他立马转发了一篇微信文章给我，说，你看，我们整个行业都不景气，圈里已经有人发文章了。

我说，你看，在你眼里，你天天骂领导无能，女人头发长见识短；公司平台不行，太小，要啥没啥；现在你言之凿凿铁证如山地认定是旅游行业出了问题，很不景气。你为啥不换工作呢？为啥不换行业呢？

老朱没话说了，其实，他要是有骨气，有能力，就不会从一个倒闭的报社跳槽到另一家前景黯淡的杂志社了。他死乞白赖留下来，却又不好好干活；他不换行业，是因为他脑子里没货，没底气，没自信，又懒又不敢冒险。

其实，根本就不是行业不好，现在正是旅游行业的春天，我本身就是旅游网站的旅行达人，我身边一堆成功的旅游自媒体和网红。各等级收入层次的朋友也都热衷旅游。在我看来，只要人类不消灭，旅游行业永远是春天，只是模式的问题罢了。

停了好久，老朱终于开口了，说他唯一的出路是自己开公司，不给别人打工了。

我都懒得骂他了，我无奈地告诉他：

第一，开公司需要管的事更多，承受的压力更大，你既要和客户周旋，还要管理员工，更要忍受竞争者的排挤。像你这样永远都是自己睡不着怪床歪的极品员工，这样的压力，你受得了吗？

第二，你老婆和我哭诉了好多次，说你脾气太差。你经常在家里接客户电话嫌麻烦，一言不合就发脾气，摔手机砸电脑跳起来骂人你都干过，老婆好心劝你，你还打她。这样的情绪控制力和情商，你若是当了老板恐怕会家破人亡。

第三,你若是开公司,也是小公司,规模和经验还不如现在打工的公司。

我说，你不妨先去你仰慕的公司去试试，等你体验到乐趣了，你再另做打算。

老朱说这样也行。在他朋友的推荐下，老朱进了海涛家的旅游网。

很快，老朱就败下阵来，说那家旅游网站什么玩意儿啊，就一骗子，太水，要啥啥没有，拿啥招商?

可是，你先前不是挺羡慕人家的吗，说人家没有纸面杂志，成本少，挣一点是一点。可是别人能做成，你为什么做不成?

你看，大公司，小公司，自己开公司，理想的公司，老朱都试过了，一直是不行，难道他还想跳到天上去抨击地球吗?

又被我言中了，昨晚他老婆给我打电话哭诉，说和老朱真过不下去了，老婆也是被他惹烦了，就建议他重新规划一下人生。老朱说：这年头，全球经济不景气，干啥都不好干，根本不是我的问题。

我相信任何一个正常人，都能被老朱的逻辑气得吐血。

你身上，有没有老朱的影子：看公司烂透了，到处都是毛病；平台小资源少，哪家公司都比自己公司强；如果这样，你不如趁早滚蛋。

这样的你就是个丧门星，放哪里哪里倒霉。你的存在，对领导、对公司都是祸害。

06 当你迷惘时，那就把手头的事做好

像老朱这样病入膏肓的最差员工该如何急救呢?

如果你不知道下一步怎么走，就把手边的事情做好。把手边的事情做

好，做到最好，就知道下一步怎么走了。

为什么这么说？

因为你只有知道自己喜欢什么，自己以后的生活怎么安排，你才能有一个明确的目标，才能更好地规划人生，过上你想过的生活。

此外，在做事的过程中，你可以提高自己的能力，比如分析能力，沟通能力，合作能力，发现问题的能力等。稻盛和夫在《活法》说道："看似复杂的现象，其实不过是简单的投影。改变视点，或者把视点提高一个观察角度重新来看待问题，其实答案就简单明快地出来了。例如十字路口交通堵塞问题，三维的观点用立交桥就可以解决。"

说得通俗一点，就是转变思维方式，只要思维方式转变了，问题就迎刃而解了。

那么，思维的转变和做好手边的事情有什么关系呢？

"深入做一件事就会突破思维的局限。因为做事的时候是在直接体验事实，而不是通过语言来认识事实。如果你的思维总是停留在现在的水平，是不能把一件事做好的。为了把这件事做好，做得超出你原来的能力，你就要开放自己的头脑，学习新的知识，提升自己的思维。

你为什么会遇到这样的困难，而别人没有遇到；你为什么会这样想，而别人那样想？因为这是你的独特性造成的，也就是说通过做事认识自己。这也是张德芬讲的——每一个关系都是认识自己的通道，每一件事都是包装特别的礼物——的意思。

通过做事，深入地做一件事，可以认识自己，提升自己。

随着事情做得深入，你的思维也就在提升了。思维提升了，义理上的辨析也就没必要了。

做好一件事，这也是一个人通往自我解放的道路。佛教中的"精进"也是这样的道理。"精进"可以提升人的思维能力。用哲学的话来说，就是在改造世界的过程中改造自己。

同时，你在做好手边的事情的同时，也锻炼了你的分析能力，总结能力，合作能力等。这样，你也就有了做自己想做的事的资本。

《圣经》上说，凡奋斗的必经历成长。凡含泪播种的，必含笑收获。这其实是古老的哲学智慧，而不应该仅仅被理解为信仰的范畴。

杨澜说："如果你能在这件工作上做得比别人好一点点，不需要很多，你就有下一次机会去做更大的事。但如果你什么都不做，停在那儿抱怨：我在其他方面还比他们强呢。那根本没用，这个世界没有人想听这样的话。大家只关注你做事的结果。所以你只要在某一方面，比别人好一点点，你就有成长的机会。"

以杨澜为例，她的同行都很羡慕她名气大，可以采访到那么多国家元首和政府首脑，别人都没有这些机会。可是杨澜也并不是一开始就从采访大人物开始的，而是一步一个脚印，从采访一个区长开始，慢慢提高。如果你只顾抱怨，连区长都没采访好，就没人给你机会采访市长；市长没采访好，更没人给你机会采访部长；等部长采访好了，再采访副总理、总理、总统才有可能。

你只有像杨澜这样，把每一件事情都做到最好，才能带来所有的好事。当你做一件事情做到你把自己都感动哭了的时候，你就会成功。今后会有越来越多的工作机会出现在你面前。

我问老朱，你在媒体混这些年了，有哪些事现在想来能把你自己感动哭，他摇摇头说好像没有。

于是我就告诉他，把你手头要紧的事做好吧。

老朱说领导安排他写篇游记，他以前做发行做销售出身，哪会写啊？

这又是借口！我说和我签约的旅游网站的灵感作家都是兼职，还有八十的退伍老兵，人家都能做好，你为何不能？

我把我的游记提供了一篇给他，让老朱依葫芦画瓢，直到把自己感动，然后再找我审核，然后再上交。

但愿这次，老朱的职业生涯能有点起色吧。

07 喜欢抱怨的人不要来小公司

假如你是个喜欢抱怨的人，奉劝你千万别来小公司，因为小公司有太多让你抱怨的事情：不是当红产业，不是豪华地段，不是高档写字楼，福利待遇没那么好，也没有牛气的 titel，操着卖白粉的心领着卖白菜价的工资……所以，小公司，你要么就别来，来了就别抱怨。

十年前，一个风和日丽的日子里，我在国贸某小型写字楼 10 层办公楼办公，身边不时有三三两两的同事过来小憩，聊的话题无外乎工作上的烦心事。

同事 A：我告诉你啊，今天早晨刚上班，我就遇到了个奇葩客户，他的问题我已经回答了好几遍，可是他还在一个劲地重复问同一个问题，他难道是聋子吗？是弱智吗？他就是故意的好吗！气得我到现在还消化不良。

同事 B：别提了，我上午遇到个超级变态客户，客户说他买了我们的设备不会使，非要我跑到他们县城亲自教他怎么做冰淇淋。你说一冰淇淋机都不会用，是怎么混日子过的啊？烦得我快把鼠标摔烂了！

同事 C：今天上午骚扰客户好像特别多，我们组目前为止已经被投诉十多次了，这次出游活动我们组别指望了，唉……

我放下水杯，抄起包包逃命般地出了休息室，我开始烦躁地想接下来我要怎么上班呢？今天是周五，肯定又有一些人为了庆祝接下来短暂的周末而疯狂的“骚扰”她们，以表达他们的兴奋之情。如此一来，我就要被她们吵死了！

忘了说，当时我是在一家冰淇淋机加盟公司做顾问，实际上是一家资产管理公司。为了召集更多的人加盟，公司采取了狂轰滥炸式的营销，招了满满一屋子女话务员。

作为一名称职的客服人员，本着客户虐我千百遍，我待客户如初恋的原则，就算客户骂得你狗血淋头，你都要专业镇定地微笑回复，哪怕你此时已泪流满面，已泣不成声。在这种压力山大的工作环境下产生抱怨是多么自然的事啊。

可是，不能因为情有可原，就任凭抱怨的情绪泛滥。因为你会危害旁人，比如我。

那个时候的我，要和这些业务员在一个大办公室里办公，我并不喜欢这样的工作环境，但出于高工资和跨界的诱惑，就忍了。我的情绪不可避免地被她们感染，好像在很长的一段时间里我整天活在抱怨里而不自知。早晨起来我可能会抱怨天气不好，白天被来自工作和周围同事的抱怨波及，简直就像经历一场瘟疫一样，每次都被腐蚀得连渣渣都不剩，睡觉前还经常给朋友打电话抱怨一番以寻得一丝丝的慰藉。

我想，在小公司里，应该有很多人就像当时的她们和我一样。说来也好笑，那个时候我一边告诉别人要做一个乐观的人，积极向上，一边对别人没完没了地抱怨。

偶然的一个机会，我读了一本类似于《不抱怨的世界》那样的书，好似醍醐灌顶一般，我才意识到我和我那些同事无休止的抱怨给公司带来了多大的危害。

也许在大公司，像这种坏情绪的蔓延不那么明显，而在小公司，那可就太明显了：话务员的抱怨不仅导致了客户对企业和产品的印象不好，还影响了以我为代表的顾问；我这个顾问的态度又影响了策划；策划的态度又影响到老板。最终，整个办公室，就像一个火葬场一样，连办公室里的绿植都死掉了，甚至连老板办公室里那两棵特大的发财树也不能幸免。

我们老板是个特别信气场的人，终于忍无可忍，气势汹汹地吩咐助理把发财树搬出去扔掉，然后在公司轰轰烈烈地召开“整风运动”——闭上你抱怨的臭嘴！从此以后，办公室的氛围终于缓和好多，各项业务也能顺利开展了。

还有一个比较经典的案例：

一位商人入住一家酒店，白天出去忙着见客户，晚上拖着疲惫的身体回来洗刷完毕躺到床上准备睡觉，可是房间窗户上方看不见的地方一直“吱呀吱呀”的响，可能是排风扇坏掉了，这样导致他无法休息。

“如果是你，你会怎么做？”职场导师问我们。

也许许多人的脑海中会出现这样的场景：披头散发的女人正烦躁的在房里走来走去打电话：“是的，你知道我有多倒霉吗？窗户一直响，我怎么睡觉？什么？我也不知道这是什么鬼东西！真是烦透了！……”我可能会给很多人打电话，向每个人诉说我多么倒霉，抱怨完实在困得受不了了捂上被子睡去。或者实在睡不着，我会穿上衣服跑到酒店前台愤怒的指责一番：“你们这是什么酒店，为什么会有噪声，这样叫我怎么睡觉！你去听听看……”作为一名正常的前台，如果他够专业，可能不会当面反驳你的大声抱怨，虽不知你为什么这么说但心里肯定对你打了个大大的叉号，别指望他愿意给你解决实质性的问题。

聪明人是这么做的：他听到声音后来到酒店前台说道：“您可能不知道，不过我房间里一直有个声音导致我无法休息。”语气里并没有一点抱怨，只做了简单的陈述。前台工作人员几分钟后便告诉房客已经给他安排好了另外一间更好的空套房，即刻可以搬过去。也就是说，问题只用了几分钟就解决了，房客在更好的房间里可以好好休息了。

将以上两个案例相比，就会发现抱怨不仅于事无补，还有百害而无一利。你看那些话务员，抱怨公司小有用吗？公司不会在抱怨中自动变大，反而越来越差。抱怨客户刁蛮有用吗？客户听不到你的抱怨，更不会改变。

抱怨办公环境嘈杂有用吗，当然都没用啊。只有像那位心平气和的房客，只是直陈了一下事实，就把问题解决了。

所以，抱怨不能解决问题，聪明却可以解决问题。

08 告别“抱怨癌”，晋身“卓越君”的六项修炼

卓越的人，都不抱怨。

抱怨的习惯不好，普通人却很难改掉。

戒掉抱怨，你可以试着从以下几点入手。

①一切改变，由你开始

人与人之间的关系，就好比是一面镜子，你是什么样的人，镜子中就会映照出什么样的人。因此，要想改变一个人，首先，你得改变自己对他的看法——这是改变别人的唯一途径。

闺蜜打电话告诉我她和丈夫之间有些问题，我建议她做些改变来改善他们的夫妻关系。她很气愤地说道：“为什么我要去改变呢？那我丈夫呢？他那些行为就由他去吗？应该他去改变才对吧？”我明确表示：“如果你真的想要改善夫妻关系，就必须做些努力，与其浪费时间去抱怨，坚持认为别人毫不领情，白费力气却改善不了关系，不如你试着改变对他的成见，试试看。”

过了些日子，闺蜜打电话告诉我，他们已经相处得越来越融洽了。

你对别人的态度，最终决定了别人对你的态度。而你，应当勇于成为那个改变的人。你必须成为愿意改变的人。你总说同事对你态度不好，你对他态度好吗？你不也常说“见了他就烦”嘛！

②即便是糟糕的事，也要作正面回应

上节案例中我的同事A在抱怨客户一直重复问她同一个问题，这让她很恼火，她一旦认为这个客户是个“骚扰”，是故意的，立马会在头脑中存储这一想法，然后会一次又一次地向自己强调那些“骚扰”的证据。之后在每一次与这个客户的互动中，她都会带着这种想法与他交流，而客户能觉察到她的不友善情绪，便真的变成“骚扰”了，甚至更糟，比如，给她回复个“非常不满意”！

然而事实可能是这位客户年纪较大，真的没有理解这位同事的话所以再次发问。就像之前那个测试，作者没有抱怨而是直接陈述给前台这个事实，可能前台工作人员之前也并不知道那个排风扇坏掉了。

因此，正面回应，可以避免很多不愉快的事情。

③从今天起微笑面对生活

无论你做什么，总会有人挑刺。当别人对你不满，开始埋怨你时，要学会宽容，不要揪着别人的一句话不放。你可以对自己这样说：世上除了生死，都是小事。从今天开始，每天微笑吧。不管遇到了什么烦心事，都不要自己为难自己；无论今天发生多么糟糕的事，都不应该感到悲伤。今天是你往后日子里最年轻的一天了，因为有明天，今天永远只是起跑线。记住一句话：越努力，越幸运。然后学会感恩，去感谢生活中的不如意，从今天起做一个幸福的人。

④不要为无谓的小事争辩

“你告诉我会议几点开始？”

“九点半啊。”

“你告诉我九点！我很早就来了！”

“没有，我告诉你的是九点半。”

“你没有！”

“我有！”

我们的工作因为类似的争吵产生了太多没完没了的争吵抱怨。其实，到底是A说错了还是B听错了都没那么重要，重要的是不要耽误开会。

每当你跟别人意见不合时，你就应该问问自己："我们怎样才能以一种和谐一致的方式相处下去？"让这句话成为你的箴言，并在头脑里不断重复它。

⑤您可能不知道……

"您可能不知道……"是个很奇妙的句子，它能够让你准备向别人陈述不满时使你的评价听起来不针对任何一个人。有了这句话做铺垫，足够向别人说明你对这件事充分理解，以及表达自己的观点时也不带任何偏激。

如果你正试图消除与他人之间的隔阂，那么一定要十分注重语言的作用和影响。

直接而且只和能解决问题的人谈话，可以为你提供一条不用抱怨就能实现目的的捷径。

⑥别总把抱怨当作人身攻击

"你又把文件随便扔到桌子上了！"

"你又埋怨我！你就是看我不顺眼！"

"你这样不对，重新做一遍！"

其实，每个人的日常生活中，对他人行为举止的抱怨在所有抱怨中占到72%，大多数的抱怨只是完全针对别人的某些行为，然而被抱怨的人却很容易把这些话当作人身攻击。

因此，如果你听到别人抱怨你，请不要条件反射的认为是对你的人身攻击，因为他极为可能只是对你的某个行为表达不满而已。

第八辑

和小老板一起成长，你必须重视这些问题

01 选择工作就是选择老板，跟对人最重要

人在职场，跟对了老板，就像选对了一个好导师，好伯乐，他会身体力行地教会你处理业务、接人待物的道理和玄机，既磨练你，又提拔你，让你的职场生涯充满机会和希望，甚至彻底改变你的人生轨迹。而坏的老板，可以"毁灭"你。所以很多人提起前老板，不是爱得心心念念，就是恨得咬牙切齿，就是这个道理。

所以，好的老板，是你最好的职业导师，是你走向人生巅峰的楷模。

比尔·贝利奇克是美国国家橄榄球联盟收入最高的教练之一，他执教的爱国者队曾斩获 13 个分区冠军，连续 13 个赛季赢得两位数胜利。在他的带领下，一些能力不错但绝非最好的球员也能表现出世界一流水平，甚至有许多球员不惜降薪加入他的队伍。

例如：科里·狄龙 Corey Dillon 为了加入比尔·贝利奇克的爱国者队，自愿将 385 万美元的薪酬期望值降至 360 万美元，之后在比尔·贝利奇克的指导下，科里·狄龙 Corey Dillon 创下了职业生涯新高，年收入也大幅度增长，达到 500 万美元。

小 A 和小 B 都曾同期跟我实习。两个姑娘一个可爱俏皮有灵气，另一个是气质型美女，这两人的家境、品味、学历都相当，毕业都一年多了。前段时间，两个小姑娘一起找我吃饭，两年时间没见，她们变化都挺大。

在讨论"吃什么"的问题时，小 B 表现得很混乱，一天时间往群里发了近 20 家餐馆，口味不一，遍布在本城的各个方向。直到傍晚，她也

没有给出意见说去哪家比较好。晚上，小A发了三个链接，三种不同的菜式，港餐、川菜和日料，地点是我们三个都能很方便到达的。

下班高峰，由于堵车，我们仨都在群里汇报各自的路线情况。小B抱怨颇多，类似“好烦啊”、“这地方没法待啦”、“怎么还没到”的话不断刷屏。小A则是发了几张路边圣诞树的照片，说“今年的圣诞树好漂亮”，又甩过来几首歌，说“这种时候听这首歌最合适了”。

吃饭的时候，小A点菜很在行，和服务生交流也很有礼貌，小B则因为服务生倒水迟了直接不耐烦地说：“你能不能麻利点儿啊？”。

小A的身上已经是比较成熟的职场女性气质了，妥帖、包容、礼貌。而小B，还像是那个刚刚大学毕业的单纯的小姑娘，你不能说她有什么不好，但她的行为举止似乎总让人不是那么放心。

聊起她们的工作，窥见了一些原因。

小A毕业之后去了一家私企，常常要跟在老板后面出差。她的老板待她如妹妹，不仅在工作上悉心指教，还常常教她一些女性的自我修养，逼着小A养成了一些好习惯。

我曾经采访过小A的女老板，是一个叱咤行业的人物，能力很强，外在形象也总保持着得体和优雅，后来出来单干组建销售公司。“我的工资不是很高，但我真的很喜欢这份工作，每天都觉得在学习新的东西。老板简直就是我的人生目标。”小A很满意地说，从来没想过要辞职。

小B，在家人的安排下得到一个事业单位的编外工作，工作清闲，编编内刊、打打杂，老板是中年男人，几乎没有太多交集，工作状态也比较散漫。“有的时候，我也觉得工作挺没意思的，学不到什么东西，和老板一天都说不到几句话，都是交代我干活的。可是，我如果辞职了，去哪找性价比这么高的工作啊！”小B嘟囔着。

也许你和你的朋友或同学起点类似，几年过后，无论是境遇还是眼界都大不相同，这并不是只是因为工作单位、工作形式的不同，更是因为跟的人不同。从某种程度上说，你最终能够取得何种成就以及你会有怎样的未来在很大程度上由你跟的是什么样的老板而决定。

小 A 非常幸运，因为她的第一份工作就遇到了“贵人”。其实，能够做你的“贵人”的老板，不仅是你在工作中的上司，更是你人生路上的老师。

也许这种老板的气质各有不同，但是他们都愿意以自己的人生经历去教导你并且竭尽全力去提携你，即便你要辞职离去，他们也会因为你找到了更好的平台而感到高兴。

如果能在职场中遇到这种老板，千万要把握机会，因为你的漫不经心或“无所谓”很可能将你的锦绣前程一起断送。

能够做“贵人”的老板或上司总能四两拨千斤地帮你解决一些问题、适时地开导你的迷茫。看到你取得一些成绩后，他们会真心感到欣慰。他们身上的专业与敬业都值得你一直追随。当你真的成为了老板，这些东西就会变成你成功的利器。

几乎每年年底，网友们都拼命在刷“别人家的年会”、“别人家的老板”。比如，王健林在万达年会上成了“K 歌之王”，当然，歌唱得好的老板很多，但有钱如王健林才能引起诸多关注；比如，这两年快速崛起的滴滴，年会直接摆出了 100 个 iPhone6 plus、300 个 iPad、100 台 Mac、100 个 Apple Watch，20 个 3 万元旅游基金，10 个 2 万元现金奖，5 个 5 万元现金奖，3 个 10 万元现金奖，还有一个 30 万现金大奖，成为备受嫉妒的“别人家的年会”之一。

我们大多数人，都身处普通单位、有个普通老板、领着一般的年终奖，看着“别人家的年会”，再看看抠门的老板，不免心生抱怨，有“爆炒老板”的冲动。

辞职或坚守？建议是，名气和钱财固然重要，它们给你带来的好处也许只是暂时的、阶段性的，而一个优秀的上级则可能影响你的一生。看看你的老板。如果你觉得他值得，那么请坚持。

①不怕公司小，就怕老板格局小

做生意，必须有格局。

啥是格局？格局就是指一个人的眼光、胸襟、胆识等心理要素的内在布局。一个人的发展受局限，往往就是因为格局太小，为其所限。谋大事者必要布大局，对于人生这盘棋来说，我们首先要学习的不是技巧，而是布局。格局大了，才能站得更高，看得更远，做得更大。

说起格局，我要说最近连续发生的两件事。

朋友向我推荐了东直门某著名素食餐厅，那家餐厅的菜品不错，环境也好。慢慢地，我们都成了那里的回头客。

时隔多日，宴请朋友再去那家餐厅时，发现它的变化很大：菜品质量严重下降；服务也差多了，就连白开水也不提供了，必须去茶台点茶；出门开车时还被收了高额的停车费，可是这里以前都是免费停车的啊。

那顿饭吃得很不舒服。后来，我找人了解了一下情况，原来受大环境影响，饭店利润下滑，生意不好做，为了守住已得的蛋糕不缩小，老板就把风险和负担都甩给别人，给员工降工资，降低菜品质量，出租一个房间给别人开茶室，向顾客收停车费。老板以为他赚到了，可是等待他的却是越来越糟糕的生意。

再来说一个案例。

某会员制美资超市，因其地道的进口食品和正宗的土特产，吸引了众多的会员。虽然超市东西贵，地理位置偏远，但顾客还是很多。也是大环境不好，该超市今年开始收取停车费了，每次一块五。虽然不多，但是会员卡每年都有年费的，其中就包括停车费，这让很多会员极其不满，造成会员退会情况严重，现在偌大的超市门庭冷落，以前两层楼的超市压缩成了一层，估计再过段时间也要关门了。

这也是格局不够。一见利润少了，赶紧想办法东拉西拽地补回来，亏谁也不能亏了自己。

所以，商场上，格局为王。利润一下降，就急忙甩包袱，把风险和负担甩给别人，自己只享用成功的果实。这种只能见好不能担不好的老板，就是没有格局。不会走太远。

假如你的老板是个没格局的人，是自私自利，心胸狭隘目光短浅的人，那他不值得你追随。

格局大的老板我也见过很多，他们是另一种作为。

我的朋友小江开着一家韩国菜馆，即使生意不好，他也从不拖欠员工工资，就是借钱贷款，也一定要把年终奖发给员工。越是这样讲信用的老板，越能留住下属。

现在实体店不景气，饭馆利润很低。员工纷纷献计献策说减少饭菜的分量，货源上稍微松懈一些，都被他严厉制止了，他说要么不干，要干就做到最好，越是环境遭遇严冬越要坚持，扛住意味着一切。

老板的胸怀令员工特别感动，大家纷纷主动要求降工资，一起和老板挺过去，这样的老板，值得他们付出。

小江的格局也感动了我，我经常光顾他的小店，给他的员工免费培训，还会赠书给他们。

现在，小江的饭店非常火，都把隔壁的高档西餐厅都比下去了。

所以，老板的格局就是公司的走向。跟着有格局的老板混，才能有好的未来。

不过在小公司，老板要保持大格局实属不易，通常人们说财大气粗，小公司底子薄，才不大，气难免细。以下是一位资深企业咨询师的某次讲座手稿：

前一段时间接触了几位小公司的老板，他们向我诉苦，说很想把公司做大，但是发现几个问题不知如何解决：

1. 资金实力有限；

2. 开展业务困难；

3. 难以留住员工；

4. 无法妥善处理与员工之间产生的争执或矛盾；

听了这几个问题，我笑而不语，待几位老板争论结束，我才提出自己的见解：你们格局不够。

第一、资金的问题是由自身条件所决定，人人都想做大老板，但这得凭实力了，这个暂且不说。但是越是资金不够雄厚，越得人品来凑。对待员工，你有品吗？

第二、业务难以开展，这首先与你公司的规模相关联，你公司小，证明知名度也低，证明可以拿出来公关的资本也不多，员工也不多，员工难以形成竞争，没有团队合作，没有士气。还有，业务难以开展说明你和客户的关系维系得一般。客户面前，你有人格魅力吗？除了钱，你还有别的东西可以吸引客户吗？这就是你的公司难以开展业务的原因，和你的格局有关。

第三、既然你开了公司，那说明你有资本投入，还能运作说明还能挣钱，但是小公司人数少，薪酬没有竞争力，福利少或甚至没有，最多的也就是请员工喝两杯，一起吃个饭，这样在公司来讲，你既是老板又是员工，建议与员工同吃同住、与员工兄弟相称、让员工入股一起成长，这样你才能留住员工。你有这么大方吗？你可以做到如此程度吗？

第四、这才是难点，老板拿出股份给员工，员工成为了公司的主人，有时在管理和业务上会出现分歧，这属于股东之间的争吵，这较为正常，可是对于一般的员工来讲，这极为不正常，原因有：

老板的格局不够大，总为小事与员工计较；

老板的格局不够大，大事小事一起管；

老板的格局不够大，这沟通过程中总认为员工有错；

老板的格局不够大，既不像老板又不像管理者更不像员工；

老板的格局不够大，在管理中没有设置中层管理人员，因此，遇上矛盾时没有缓冲层，直接与员工争执，没有人来协调，没有人来化解，员工因此心生积怨，一走了之；

老板格局不够，安排了中层负责的事情后，又绕过中层负责人，一竿到底与最底层直接沟通，而且与中层原安排的意见不一致，最后最底层员工只好什么都不做，不知所措。

如果你是这样的老板，最好立即改正。如果你的老板是这样的人，那么你最好趁早找机会离开他。

②不怕公司小，就怕老板不靠谱

现在，靠谱的人是最珍贵的人。假如你的老板是一个靠谱的人，跟着他吃咸菜都值得。

你的老板是个好老板，还是个不靠谱的老板？这是混职场的头等大事，不可不查！

什么样的老板不靠谱？言而无信，拖欠工资是头条。

初入职场时，我就遇见这样的老板。

老板姓谢，此人毫无信用，满嘴跑火车，骗着大家毕业后继续从家长那里要钱养活自己给他干活，从来不按时发工资。他这一招最可怕的是，他拖欠我们一个月的时候，我们想想：人难免一时困难，支持他吧，同舟共济。第二月还不发时，我们会想着：再等等吧，无论如何也得把工资要到手再离职。

他骗我骗得最人神共愤的一次是，“非典”期间，大家都不敢出门。他打电话说公司需要一些参考资料，这个项目拿下大家伙儿的工资都能发。可是现在他被封锁出不去，看我能出去不，回头他就把钱给我。

结果我冒死去把书买了。给他书的时候，他说自己身上没钱，回家打车的钱都没了，得坐公交车把这一摞书扛回去。我还能说什么呢？总不能抓着他当众撒泼吧。

后来我们都离职了，工资也不要了。唯独一个叫小卢的男同事比较文艺一些，继续上他的当。他给小卢许诺：公司离不开你，管你住管你吃，你就把手里的小说写完，到时候稿费给你一起结。

小卢就答应了，住在昌平一间小平房里，像牢房一样，一日三餐，没日没夜爬格子。后来连每个月一百五的房租老板都不给他交了。总是推推推。害得小卢为了把心爱的小说写完，只好低声下气地跟朋友借钱交房租。

经过这人渣老板后，我就立志：宁肯闲着啥都不干，也不跟着不靠谱的老板干。从此之后，我就积累了丰富的判断老板是否靠谱的经验。

检验你的老板靠谱不靠谱，需要从以下几方面入手。

是否言而无信

不讲诚信的老板千万不能跟，这里的诚信，包括对员工和对客户两方面。不讲诚信的人可以直接判定他品质不好道德败坏，这样的人有多远让他滚多远。像那种随便拖欠员工工资的，想各种下作的借口随便克扣员工工资的，赚了钱不兑现承诺的，对于客户的合作出尔反尔的，都不是良人。

是否软弱无能

作为老板，常常会遇见各种挑战，关键时刻还要做出艰难的决定。这时候，面对问题迎面而上，还是把难题推给部下就是检验老板是否合格的关键。好的老板愿意做出艰难而果断的决定，勇于承担全部责任，给员工带一个好头。这样的老板，即便是脾气差点，也要跟着他。

是否坚持愿景

每天为了钱和指标的老板，注定是个平庸的老板，有潜能的老板则是为了核心价值观和愿景去经营，虽然他们也必须面对现实，但他们不忘初心。用情绪工作的老板是下乘的老板，用脑袋工作的老板是中乘的老板，而用心工作的老板才是上乘的老板。你的职业远景是否能实现，绝大原因在于你的老板是否是上乘的老板。

是否以身作则

真正能够体现老板的价值观的是其平日的综合行为。所有员工都看不起嘴上仁义道德、私底下小肚鸡肠、蝇营狗苟的老板。公司的员工都在模仿老板，什么样的老板自然会带出什么样的员工。

是否善于激励

靠谱的老板都善于激励，员工在这样的老板手下干活总会有成就感。善于激励的老板不是显得自己有多能干，而是善于调动每个人的积极性，他们喜欢做员工背后的靠山，鼓励尝试、包容失败；如此一来，大家都能够专注于创造。总之，善于激励的老板是激发群体智慧和积极性的高手。

是否善于从失败中学习

输不起的老板都是靠不住的老板。好的领导者不忌讳谈失败，承认失败并从中学习，才是真正的自信。每一个失败，都暗藏了一份“启示”，失败降临的目的只有一个——想告诉你点什么。只有坏的老板，一有风吹草动就不淡定了，像狮子一样对员工咆哮。

职场上的我们会遇到各种各样不同类型的领导或老板，有打鸡血型，有空口承诺型，有咆哮型，只要我们是员工，就无法躲过“老板”这个梗。但是我们拥有选老板的权利，所以要把握机会，好好利用我们的选择权。

02 为老板卖命工作的同时，也别忘了好好“利用”他

看到这个题目的时候，肯定有人会说，你是不是疯了，老板怎么能利用呢？但从实际情况来看，一个人最重要的人际关系之一，便是他的老板。

毫无疑问，老板要利用这个人的价值，从而提升自己的价值，甚至提升他的社会地位。

那么作为员工来说，难道就只能被动地接受吗？

如果在职场中，一个人只知道被老板所用，而不懂得使用老板为自己服务，那么老板这个资源就被浪费掉了。那么，老板能为自己做什么事呢？

先看一看唐骏在日本求学时是怎样利用他的小老板的。

唐骏有日本生活的经历，但是这段经历并不像大部分人想象得那么光鲜。因为语言不太流利，在勤工俭学之初，他所能做的就是洗盘子。

于是，他通过杂志找到了一家做意大利面的餐馆去当洗碗工。那是一家很小的店，老板叫大木先生，是个三四十岁的中年男子，兼做厨师。唐骏欣然接受了这份洗碗的工作，他严格按照餐厅的要求把每只碗都洗五遍，慢慢地他成了专家级的洗碗高手。因为唐骏工作认真，大木先生特别愿意和他接触，渐渐地，唐骏和大木先生成为了朋友。唐骏利用这个难得的机会，从大木先生那里开始学习地道的日语。唐骏每周在他店里工作四个晚上，每天晚上唐骏至少有两个小时和大木先生说日语。从当年12月到第二年3月底，唐骏的日语突飞猛进，这为他此后的留学生活奠定了良好的基础。

后来唐骏去私塾应聘数学老师，由于他说着一口流利的日语，这让一般不愿意聘用中国人做教师的私塾老师们刮目相看，他们让唐骏留了下来。在那家私塾，从小学生到初中学生，再到高中学生，他一路教过来。后来，他的收入都达到了日本金领一族的水平。

对于很多青年人来说，唐骏的这个例子值得每个人思考，我们在为老板工作时，还要学会反向利用，做一个整合资源利用老板的“打工高手”！

比如你可以这么做：

①利用老板帮自己谈生意

陈一飞是一家小公司的业务员，他非常喜欢自己的工作，虽然业绩平平，但是他非常感谢这份工作带给他的改变：让他从一个性格内向的人变成了一个开朗的人。

有一天，他有机会去谈一个大客户，他找到秘书，希望能联系到大老板，汇报这个重要的情况。但是大老板知道了这个事情之后，并没有给予足够的重视，他感觉陈一飞的想法太异想天开，于是就把这件事情搁置了下来。

陈一飞并没有被大老板的冷淡打败，他马上着手积极准备：调查对方的需求，整合公司产品优势，做好了书面材料。等他做完这一切时，令他意想不到的事发生了，大老板居然说让他和客户先谈，等稍微有些眉目了，他再出面。

陈一飞感觉到了大老板的冷漠态度，商谈前一天，他不顾一切地说服大老板必须出席，而且说明不会占用太多时间，只需要大老板出面，表示对客户的重视即可。看到陈一飞的积极准备，大老板反思了自己的态度，决定积极配合他。

果然，在陈一飞和大老板的完美配合下，这个项目取得了巨大的成功。而懂得“利用”大老板的陈一飞，通过这个事件，也完全取得了大老板的赏识和信任。

②利用老板给你开公司

很多“穷二代”都在为找不到贵人而苦恼，有些人想认干爹干妈。傻瓜，为什么不利用好身边的资源呢，比如说你的老板。

你只需要多一些创意，巧妙说服他，让他出资，开疆辟土，你去挑担子。这样你俩都变成了股东。你还可以说服老板辟出一块业务给你做，辅助你创业。这也是打工最幸运的事。

一般有格局的老板不排斥让自己的员工跟着自己沾光。我的一位上市公司的小老板就做到了这一点，公司壮大后，他就让那个跟他一起打江山的元老级员工做了大股东，去开辟美国市场去了。

这个事例给我们提供了一个新的思路，那就是如果懂得合理利用资源，从某种程度上来说，你在给公司和老板打工的同时，他们也在为你打工。

你在为公司创造价值的同时，公司也在为你个人创造业绩，并为你走向卓越铺路。

当然，要说服老板给你投资，首先就是让他信服你的能力，欣赏你；其次要让他相信你的人品。

最后说明一点，老板的利用价值还可以辐射一下，比如老板的朋友，老板的客户，也都可以成为你的二级人脉。不过，做人要有良心，要良性竞争，不能拆老板的后台。

03 提防小老板手里的“黄金饼”和“感情牌”？

小公司老板手里总是攥着两张牌：“黄金饼”和“感情牌”。

我在许多小公司工作过，每一个老板都给我画大饼，将来要赚多少，要有自己的产权，要上市，要分股份给大家，要留存公司住房金等为员工买房。

不要说老板吹牛，真有实现的。我曾经供职的公司里就有几个兑现了，老员工跟着公司一起成长，最终成为一代富翁。

不要说老板虚伪，这是管理的需要。画饼是一种鼓舞士气的好办法。生存才是硬道理，为了存活下来，老板说几句大话，也是情有可原的。两口子过日子，有时候也不能全说实话对不？再者说了，大家不是都在说：有梦想挺好的，万一实现了呢。

不过，多数老板的饼很快就成了空，还有更苦逼的情况是，小公司成长了，元老却被杯酒释兵权坐了冷板凳，后来免不了到了扫地出门的局面。

所以，要理性分析老板画的“饼”。不是说老板是坏人，但是否能兑现，老板心里是没谱的。目前的经济环境，开个公司做个生意真是不容易，市场一波动，政策一变动，一个大浪打过来说不定就翻船。还是那句老话，谋事在人，成事在天。

那么作为员工，该如何评价老板的大饼？又如何评价这个公司的潜力？

如何分析老板给你画的饼靠谱不靠谱？

看业态：所处行业处于发展期、膨胀期，就有无限的机会、无限的可能，加1分。行业处于衰退期，减1分。

看寡头：行业无寡头，加1分。行业寡头林立，减1分。

看盈利模式：公司盈利模式如为行业主流盈利模式，不加分。如落后于传统盈利模式，减1分。如超前于传统盈利模式，加1分。

看产品：产品竞争力强加1分，竞争力一般0分，竞争力极弱减1分。产品竞争力强弱，内勤可能一时看不出来，但可以跟一线的业务人员聊一聊就能知道个差不多。

看客户分布：客户受众广，有无限扩张可能，加1分。客户都是大客户，数得过来的，基本不会变动的，0分。客户是老板的亲戚、朋友、关系户，减1分。

而其他的，比如公司内部的管理，人员安排，甚至家族企业模式，一塌糊涂都不要紧。市场的扩张会促使公司来整合和提升这些资源。公司的扩张必须依赖业态和市场的增长。如果离开市场，其他所有的管理都是空谈。

如果公司得分是正的，而且还挺高分，恭喜你进了一个有潜力的小公司。如果得分是负的，那么建议积累了一定的经验之后，寻找更好的平台为上。

当然例外是有的，比如“非典”的时候很多醋厂因此大发了一笔横财，不过这毕竟是少数。

如何应对老板打出来的“感情牌”？

也许许多人都曾有过这样的烦恼：实在不想继续在这个公司干了，可是老板当初招我进来，一直对我挺好的，实在舍不得走。只是这个公司的产品运营和执行方面实在是太差了，在这里没有什么前途，我到底该怎么办？或者是：那个一直带着我的亦师亦友的上司跳槽到了其他公司，现在让我过去，那个公司无论是待遇还是发展前景都要比现在好，可是我又不忍离开一直对我挺好的老板，我到底该怎么做才好呢？

我觉得这样的问题很简单，这就相当于你根本不看好一个渣男，可是你想分手时，他会以感情拖住你，比如絮叨上学时怎么为你背书包，下雨天如何为你撑伞，你坐火车回家他如何为你送站等。倘若你动了恻隐之心耳根一软，继续待在他的贼船，恐怕一辈子就只能抱怨了，没什么好日子过，你会成为“祥林嫂”一枚，整天抱怨着：早知道他是这样的人我当年不那么心软就好了。

更何况，事业跟谈对象不一样，创造价值是最主要的目标。一切创造不出价值的温情脉脉都是耍流氓。

我曾经被“感情牌”深深地戕害过。

我原本有个很好的跳槽机会，可因为那是我的第一份工作，他是我的第一个老板，也经常给我们画饼。所以我不能说走就走，我是真念旧情。于是在做出决定之前，我找老板认真沟通了一次，深入聊了聊我们公司的发展前景。他说得挺好的，我听着也挺不错的。

于是我就留了下来。

结果不久后老板就去外地开拓市场去了，聘用了他的老同学当职业经理人。

他很信任这个同学。哪知时过境迁人各自都已改变，他这个同学当时信了邪教，神神叨叨的。这样的人何以管公司带团队。我第一时间意识到这个人的不靠谱，就给老板汇报。在我和他老同学之间，老板选择了信任老同学，或者说信任他自己的判断，甚至觉得我太敏感了。

结果这个不靠谱的经理三下五除二就把公司折腾完蛋了，把我们这批人都开除了。

那光景是真惨啊，大好的工作机会被我错过了，大过年的小公司都不要我了，我失业了！

这个老板多年以后给我道歉，说他也是被感情绑架了，当时老同学没工作想加盟他，仗着以前对对方的了解，满口答应了。没想到把他害得这么惨。

从那以后我就学会了，感情是感情，发展是发展。职场上一切以自我发展和提升为最高原则。每个人都要靠吃米活着，自己才是自己的生命第一负责人，再好的关系都不能让步，该走就走。

所以按照我的价值逻辑来看，事业上的事是不可以被感情绑架的。

假如你很容易被人家的感情牌拿下，只能说明你极其弱智，将来你收获的只能是讽刺。

04 多想想，你的老板二年前在做什么

在一些展会中，时常会有很多参展商都是从天南海北，上千上万里地赶过来的，工作人员忙碌得连吃盒饭的时间都没有，更苦的还是各个公司的司机和搬运工，大老远地将产品、活动布展等物什用大货车运到会场，从车上一个个卸下来，展会结束了又要劳神劳肺地再拖回去，工作量不是一般的大。而那些参展商老板们，一般不需要出面，即使出面那也是在 VIP 洽谈区惬意地喝着咖啡和客户谈天说地，抑或是在自己的展厅内溜达几圈，指点江山；有的看某个员工干的不顺眼，还要上去训几句。

此时，会有搬运物料的员工抱怨：这小公司真简直没法待了，人少活

多，快把我们累残了。老板倒是好，啥都不干，就在那享清闲当大爷。

干活累就抱怨？那么，大公司更不会要这样的员工。

事实上，几乎每个打工者都这样抱怨过自己的老板：啥都不干，享清闲。可是，当你们这样抱怨的时候，有没有想过，为什么最脏最累的活都是你的。为什么老板可以趾高气扬地站在你的面前，既不需要干活还可以随意说你两句。谁赋予他们这样的权利？不是别的，是公平和正义。

没有人随随便便成功，那些成功的老板也不可能是一夜暴富出来的，他们也是遭受了许多白眼，吃了常人不能吃的苦，干了常人都不愿意干的事，走了常人都没有走过的弯路，然后带着一颗觉悟、上进的心才走到今天这一步的。

一个人现在的生活，是三年前决定的。

有三个人要被关进监狱三年，监狱长给他们三个一人提一个要求的机会。

美国人爱抽雪茄，要了三箱雪茄。法国人最浪漫，要一个美丽的女子相伴。而犹太人说，他要一部与外界沟通的电话。

三年过后，第一个冲出来的是美国人，嘴里鼻孔里塞满了雪茄，大喊道："给我火，给我火！"原来他忘要火了。

接着出来的是法国人。只见他手里抱着一个小孩子，美丽女子手里牵着一个小孩子，肚子里还怀着第三个。

最后出来的是犹太人，他紧紧握住监狱长的手说："这三年来我每天与外界联系，我的生意不但没有停顿，反而增长了200%，为了表示感谢，我送你一辆劳施莱斯！"

这个故事告诉我们，什么样的选择决定什么样的生活。今天的生活是由三年前我们的选择决定的，而今天我们的抉择将决定我们三年后的生活。如果你今天选择了抱怨和嗔怨，三年后你还是这副囧样儿。

你的老板，三年前是什么光景呢？

三年前，你的老板也在打工，当打杂的，但和你不一样。

他不像你这样抱着当一天和尚撞一天钟的心态，在工作上总是拈轻怕重，拖拖拉拉，遇到有难度的工作是能躲就躲，从来没想过去承担一些挑战性的工作。他们总是要做就做最好，骨头单捡难啃的啃。从而和大多数同事在能力上拉开差距。

他不像你这样悠闲自在，上班下班，吃饭睡觉玩游戏看泡沫剧刷朋友圈。他们那时候就开始为创业做准备了，为了当好老板过好日子，他们早就开始铺路了，他们会利用业余时间学习。你在随领导出差的时候只顾抱怨行程紧张，他们会利用出公差的机会寻找商机，甚至小试牛刀。

我有个女同事阿倩，现在开服装店，生意做得很大。她开这个店的想法就是以前随领导去广州出差时产生的。那时候觉得广州的衣服又漂亮又便宜，自己也喜欢鼓捣服装生意。一开始她代购，再然后就自己开店雇人。后来生意越做越大就自己辞职专门干这个了。

除了阿倩，当时经常随领导出差的有好几个小姑娘呢，包括我。而我们只记得广州点心好吃粥好喝，再然后就是抱怨天气太热。只有阿倩闷声不响地给自己铺设财路。

他们会边打工边编织人脉圈。你随老板陪客户吃饭时，只知道喝酒胡吹，人家会研究饭局上哪些人品行好对自己有帮助，并想法联络加深印象，列入自己的人脉资源圈。将来创业时成了合作伙伴或者大客户。

所以，你现在承受的磨难老板三年前早就承受过了，而且他表现得比你好，所以他比你成功。

如果说到这里，如果你还是没有反思过自己要做何改变，那么你就永远要在他的权威下，干一些底层最累的活。你活该。每个不反思人的人生都是活该。

你今天的改变决定三年后的生活质量。

我们可以用现在的工作内容及薪酬与三年之前做一下比较，如果现在和三年前完全一样，那么三年后恐怕还会是如此。即便三年后的工资略有增长，也别以为自己的收入增加了，因为物价也在上涨。因而，如果你不够努力，那么你的工资永远都涨不过物价。

幸运的是，现在立即意识到这一点还为时不晚，赶紧定准自己的方向，制定并执行周计划、月计划、年计划，树立目标，并向着目标奋力追赶。有那么一天，当你回头再看曾经的努力和尝试在当时虽然是一种艰巨的考验和痛苦的挣扎，当真正度过这个阶段之后，才发现这个过程如凤凰涅槃般美好，是值得自己一辈子珍惜珍藏的宝贵记忆。

你的老板就是你的航标，你可以抓住他和你谈心的机会，听他讲以前的故事，了解他的心路历程，然后效仿、创新。

05 不怕你没能力，就怕你说不得

玻璃心——一碰就碎，草莓族——一戳就破，公主病——一说就噘嘴，你是这样的人吗？

老板最讨厌的员工，就是这样的。因为这类人，说不得。一言不合就耍脾气使性子哭鼻子，更有甚者发火撒泼辞职。

我前面提到过的朋友小江，他手下有好几个员工，他最器重的那个员工也是他最常批评的。当然，也是进步最快，升职加薪最快的一个。

那是个年龄不大的女孩子，一开始看小江总批评她我很看不惯。因为江总批评得毫不留情，有时候会当众批评，女孩子难免脸上挂不住。

现在看着她步步高升，便觉得这一切都值了。

再看看与她同进公司的小黄，很为她惋惜，不免生出诸多感触。

小黄很有才，又听话，但凡领导安排的事情，她都贯彻落实得都特别好，可是领导就是不敢对她委以重任，因为她是个说不得的“草莓族”。但凡领导对她的工作有一句微词，她都难过好几天。领导也知道她的优点与乖巧，很少说她。因为怕被说，她自己也不敢去大公司，就安分守己地在一家小公司工作十多年，在小公司当个“螺丝钉”。若是心理韧性强些，她早就在职场上飞黄腾达了。不过好在她有自知之明，既然不接受被别人说，那就接受眼下这份不被别人说也不说别人的平淡日子。

可是在小公司上班的你，如若想和老板愉快地玩耍，想有大发展，一定不能像小黄这样，而要做厚脸皮的“不倒翁”，做好被老板批评教训指责的思想准备。假如你的领导是温和型的，这种提醒显得没必要。假如你的老板是有才又简单直接的管理风格，那恐怕你要好好调适你的心理，随时迎接他的批评。

要珍惜批评你的人

①老板批评你，一定是他发现了问题。

和气生财、心平气和有益健康不伤气血这些养生和气场之类的大道理老板比你懂，所以，正常情况下没谁愿意对你发脾气。老板批评你，一定是他发现了你的问题，所以才给你指出来。就比如江总批评他的爱徒，即便是当着我们的面当场批评，也都是爱徒犯了错，他才当场指明。后来他也告诉过我，如果不当时指出来，他怕事后自己就忘了，那这样堆积的问题多了，对员工不好，对公司也不好。

江总说的的确有道理，若是他明明发现了你的错误，却不告诉你，这才是真的害了你呢。如果你们都不知道自己的问题在哪里，你们还怎么取得进步呢？

②老板批评你，是为了你好。

回顾一下，从小到大批评自己最多的人是谁？

是我们的父母。哪个父母不是望子成龙？

在学校批评你最多的是谁？是我们的老师。哪个老师不是希望自己的学生将来有出息？

同样，今天那些批评你的人，也是为你好，觉得你还是个人才！

人人都爱听肯定、表扬的话，所以才有“忠言逆耳利于行”的古训。对你负责任的人才会批评你；认为你“孺子可教”的人才会批评你；真心待你的人才会批评你；愿意操心劳力教你带你帮你进步的人才会批评你！

所以，当你因为批评而愤恨老板时，请记得老板批评你时的一片好心：是为了帮你进步。

③老板批评你，是你在他的视线范围内。

废话、怒骂都是对话的一种。对你不感兴趣的人，不把你放在心里当回事的人，和你没关系的人，绝对不会和你费口舌的。其实老板和朋友一样，关心的朋友才会说你，要不然，大家都这么忙，谁舍得拿出宝贵的时间来耗在你身上？人家喝喝茶搓搓麻打打高尔夫多好？

④老板批评你，是信任你。

我们只有对关系很铁的朋友才会“出言不逊”，直言不讳。职场上也是，老板能直接批评你，不掩饰，不避讳，一定是和你的心理距离很近，把你当成了自己人，是担待事的明白人，这种信任，非常难得。

⑤没人批评你时，恰恰是你该深深自责的时候。

对于老板的批评，你总是拒绝，当你拒绝的次数多了，一次、两次、三次之后，就没人会批评你了。那时候，你的“死期”就不远了。

于是，再也没有人关心你的进步，再也没有人担心你的未来，再也没有人在乎你的存在。你自己已经把自己“封闭”起来了，还不知道什么叫作“夜郎自大”。直到有一天，你碰了壁，才哭着问道：“为什么没人早些告诉我？”那时候一切就晚了。

放下对批评的抵触情绪

被批评应该是一种荣幸，道理大家都懂，但为什么有人一遇批评就有抵触情绪呢？

不外乎以下两点：

1. 感觉自己被否定。其实，完人是没有的，即便你觉得最完美的事，在别人眼中也会有一点瑕疵存在。要明白，没有最好，只有更好。况且，好的思路往往隐藏在反对意见里。因此，面对批评应该持包容的态度，即使已经做得很好，也要多听取多方的意见——“兼听则明”。

2. 怕面子过不去。有人认为受到批评是丢人的事情，是伤自尊的事！我觉得这是一个误区！其实接受不接受别人的批评，和自己的自尊没有一点关系；如果真的要强，真的要自尊，那就接收来自多方的声音，把事情做得更好更对。

若真要面子，那听到批评，你可以做两件事：

1. 尽力去做好你应该做的事，用事实证明你是对的，那么别人再怎么说，也无关紧要了。如果事情确实没做好，即使花 10 倍的时间和力量为自己辩解，也没有用。

2. 去和批评你的人交谈，听取意见，也许你会知道自己错在哪儿。

06 只干老板安排的活，是远远不够的

娜娜在某互联网医疗机构做文案，上半年的时候，总给我抱怨老板很变态，什么活都扔给她。“都怪我太实在了，每次老板安排我的活我都又快又好地完成，然后汇报给他。然后他就安排别的活给我。包括很多不该文案去做的工作。真是没谱。”

最近娜娜抱怨得少了，玩得挺嗨皮的，经常在微信上晒美图，郊游逛街采摘看电影什么的娱乐活动很多。问其原因，娜娜简直乐疯了，她说：“我简直太伟大了，太聪明了，姐你知道吗？后来我就学精了，领导安排的活，我明明干完了，我也压在手里不上交，假装没完成。耗到一定时间我再交工，说自己完成了。因为早早交上去只会干更多的活，我才不那么傻呢。”

哦，原来如此。

我问她，现在老板还经常安排活给你吗？她说不了，老板很少找她谈话，很少安排活给她了，她可清净了。还说那些不会装不会拖的人，都可忙可忙了。

我告诉娜娜，马上年底了，你提前做好重找工作的准备吧。

娜娜很不理解。

“老板再也不像以前那样安排那么多活给我了，落得一身轻松，真好。”这话听着让人羡慕，但仔细想想，隐藏着重重危机——一个职场人处理的事务越来越少的时候，他在老板眼里就变得不重要了，已经被边缘化了。而且，老板已经做好随时让他走人的准备了。

也许这会让许多员工感觉到不公：明明自己已经做完老板交代的事情，为什么还要开除我？”这种抱怨只会让自己越发地感到不公，最后将自己的境遇归结为“老板不善管理，不会安排工作”，在这种逻辑中，才能寻求到些许安慰。

你的设想和事实总有差别。

趋利避害是人的天性，人们最善于给自己的行为找一些有利的因素来解释。然而对于职场人士来说，趋利避害的想法只会是你职业道路上的绊脚石，甚至会将你带进阴沟里。

你只做到尽本分远远不能满足公司要求。

人们通常以为，做完老板安排的事情，就算尽到自己的本分，算不上偷懒。然而，在如今竞争激烈、高速运转的职场，只做到尽本分还远远不够，因为：

①人人都喜欢更勤快的人。我记得十几岁的时候，每逢我去别人家做客，老爸都会提醒我，要有点眼力见儿。意思是要我在别人家里勤快些，主动帮做些家务，会讨人喜欢些；我刚刚工作的时候，老爸又反复嘱咐：眼里要有活。言下之意，就是要主动找活干，包括倒垃圾桶复印东西那样的零碎活，如果没人干，那自己就可以拿过来干。凡事等人来为自己安排事情，那样的话会显得非常没有眼色，不受老板待见。

②许多时候，老板没有太多时间和精力去细致地安排好每一个人的具体工作，因而他只会给出大方向，具体的问题需要员工自己想办法落实。如果一个员工对自己的要求标准高，就会在做完手头工作之后，发现其实还有不少的事情可做，并努力让结果更完美。由此，只有你将老板想到的或没想到的都做到了，才更能让老板对你刮目相看。

③在进行一个大项目的时候，一两个人的完工自然无法算作项目的结束。因而你在完成手头的事的工作时大可以问问项目团队其他同事是否还需要你的支持和帮助，而不是不管不顾地走人。如果每个人都能把整个项

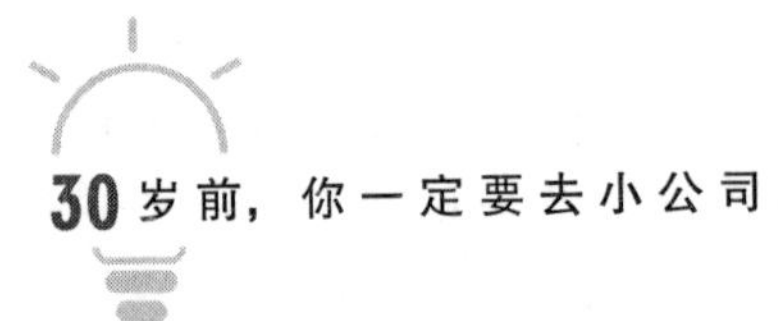

目看成自己的事，能够为其他同事提供支援，整个项目才会取得更快进展。另外，如果项目涉及到跨部门合作的时候，你的主动热情会让自己接触很多自己工作领域之外的东西，对自身综合能力的提升大有裨益。

大家都原谅职场小白但没人容忍你原地踏步。

我认识的一个熟人贝贝，工作勤勤恳恳，但他从不越出自己的工作领域半步，一切对老板唯命是从，哪怕老板的决定是错的。贝贝的职场信条是“不求有功，但求无过”，人到中年之后，本想在这家公司里长久待下去，但后来有一天老板却将他劝退了，理由是觉得他不会再进步了。

如果一个人只想着做分内的事，时间长了，便会习惯舒适与安逸，从而逐渐丧失了创新的能力及突破自我的愿望。老板的用人需求可不允许员工因为惯于舒适而失去活力，会随着行业、公司、时间的变化而变化的。对于一个初入职场的人，老板可以容忍其对业务一无所知，但绝不会容忍一个人长久地原地踏步。因为这样的员工对公司的发展产生不了任何的积极作用，反而会拖公司的后腿。

记住：老板是要时刻发展的，哪能允许你墨守成规？

深圳零度智能飞行器有限公司CEO杨建军曾在接受采访时提到：“我很反感员工做完自己的本职工作后，别的事情就不去想、不去管。科技行业需要创新，只盯住自己的一亩三分地，今天做的事情，很可能明天对大局就失去了意义。”杨建军说，“在一个快速变革的时代，这样的员工很容易被淘汰；如果一个公司的员工都这样，这个公司就会被淘汰。”

故而，不能墨守成规，要勇于打破自己固有的疆域。

主动向老板要活干机遇才会青睐你。

不善管理或考虑问题欠周到的老板的确不少，他们有时会因为忙碌而忘了给你安排更多的业务，有时则不知道到底该给你指派什么样的任务，有时候也不知道你是否愿意做“分外事”或是将“分外事”安排给你是否会引起你的不满。

老板一般不会有空找你，那么你应该主动去找老板要活干：

清晰地汇报自己工作的进展和成绩，让老板从结果中看到你的潜力，请他把更多的相关业务交给你；

陈述自己下一步工作计划，提出希望承担更大的责任；

找出目前公司业务存在的问题，如果这个问题目前没人涉足又正好在你的能力范围内，主动请缨去解决处理这样的事务。

老板可能不会立即答应你的请求，但是他肯定会把你放在他自己的人才候选人名单中，一旦遇到合适机会，他很可能第一时间想到你。

还有不少人其实特别想接近领导，主动向领导请缨做事情，但由于对老板有惧怕心理，因而始终对老板敬而远之。事实上，这种心理只会拉伸老板与你的距离，老板也很难会对你有印象，如此一来，机会什么时候才能降临到你的身上呢？

第九辑

你可以野心勃勃创业，也可以潇潇洒洒U盘人生

01 这是最好的时代，是标榜“自我”的时代

无论你是60、70、80、90还是00后，都该庆幸自己生活这样一个互联网时代，这不仅仅是因为互联网给我们带来了非常多的便利，还有最重要的一点就是许多人通过互联网创造了前人想都不敢想的财富。

大家都说马云这样的人中国一百年也出不来一个，事实上，马云代表着这样一批通过互联网赢得财富、地位的人群。时至今日，互联网已经造就了太多的亿万富翁。由此，许多人都产生了这样的想法：通过玩转互联网发家的人这么多？神奇的互联网，我也想去试试。

然而，不是所有人都适合进入互联网行业的，也不是人人都适合互联网+，甚至进初创公司也不是适合所有人的。

不能“All in ”的不要来小公司。

什么是“All in ”？就是完全投入、沉浸其中。

同样八小时工作日，每当下班时，老板说：啊？这就下班了啊。好快啊。

员工：终于熬到下班了，熬死我了。

为什么感受不同？因为老板是all in，员工是all out。

对于工作，真正的All in状态是：平日和周末是没有差别的，上班和下班是没有界线的。当别人在周末的晚上与朋友聚会的时候，你正在电脑面前与客户奋力斡旋。

这听起来很悲催，但是你要学会享受这种All in的状态，不能排斥它，因为你越排斥它就会越痛苦。真正的All in状态就如同那个业绩超群的白

领在博客中写的那样：无论看起来多么高大上的工作，夜晚关了电脑躺在床上，还是会想着职场上那八个小时候的时间被别人偷了去。

您瞧，这就是“All in ”的表现。

为什么盼着周末？有为什么焦急地等待下班打卡时那清脆的“滴滴”声？因为工作于你来说只是为老板创业绩，自己将时间卖给了公司，并且认为自己的时间只有在下班后或周末才属于自己，才能够自由支配。如果你换一个角度，把工作中的时间都视作在实现自己成就自己的时候，你才会享受这个过程，才不会在上班的时候数着点下班想着去哪里玩，相反，你总会觉得时间怎么总是不够用，因为你不再会认为你在用时间为公司和老板卖命，而是所有的时间都在为自己卖命。

你要暂时告别文艺小资的生活，告别任性的说走就走的旅行。你要开始明白，在小公司，工作就是生活，要不然你为什么来小公司啊。

当然，除了员工的主观意愿之外，小公司在客观上也必须保持这种All in 的状态。

因为小公司毕竟在许多方面都不同于大公司，每天都战战兢兢，如履薄冰。一方面要始终关注着外部商业环境的变化，做好随时调整战略战术的准备，另一方面也要时刻紧盯内部团队，做好随时调整与救火的准备。

玻璃心的不要来小公司。

近些年，越来越多的初创公司都能够在极短的时间成为独角兽公司，但是千万别因此认为初创公司成为独角兽企业是一件简单的事情。事实上，初创公司在进入大众视野、获得市场认可之前，都十分脆弱，无数小公司在刚成立的时候都不会百分百地认为自己能成功，甚至连自己是否能够存活下去心里都没底。

小公司的艰难始于发展起步阶段，仅以招聘为例，小公司十天半个月也许都不会收到一份简历，而大公司前一秒表示要招聘，下一秒就会有千份万份的简历奔涌而来。与其他公司谈合作的时候，大公司轻易可以凭借名气拿到溢价的订单，而小公司就算说破天也没人会信你，就像十年前谁都想不到创建阿里巴巴的马云富可敌国，四年前，又有谁能想到滴滴打车的规模竟然可以大到让传统出租车从业人士愤恨眼红的地步。尽管如此，不管是阿里巴巴还是滴滴，在初创阶段的时候都有过碰壁无数的经历。当然，如果遇见碰壁就退缩，遇见难处就罢手，那么马云也许根本成不了首富。

加入小公司，说明你多半是个爱冒险，爱折腾，不甘平庸的野心家，你无法预见五年后的自己会是什么样。现如今，一年甚至半年之后的情况都不知道，更别说五年了，然而这也是小公司的魅力所在，有未来无限美好的想象空间，一旦遇见A轮B轮C轮IPO，身价立马就会不一样了。

人生的大起大落，会在小公司重复上演，心情也经常会像坐过山车一样。这种感觉怎么形容呢？

就像当下一位网络红人所说的：

“每一个自媒体人或者说正在创业的人，都在这样的状态下反复，每晚睡前都觉得自己一无是处马上要完蛋了，第二天早上又觉得自己太厉害了，世界都是我的了。”

比如你辛辛苦苦培养的人终于达到可以分担你压力的时候，却被别的大公司两倍薪水挖走了；比如你发现任凭你说破了天，也没人相信你的产品设计方案；比如你和别人谈情怀谈梦想谈未来的估值，别人却和你谈薪水谈期权谈福利待遇。

你会觉得这个世界对你一点也不友好，商业怎么这么邪恶，人心怎么这么世俗。

所以冯唐才能写出那么血腥现实的文字——“世界这么多凶狠，他人心里那么多地狱，内心没有一点混蛋，如何走得下去。”

若不是当初体验得刻骨铭心，焉能写得如此入木三分？

所以，如果没有自带鸡血，没有大心脏，没有一颗笃定的心，不要来小公司，不然你会很折磨，很焦虑，很没有安全感。现实每天都是锤子，玻璃心的，早就成碎渣了。

02 U盘启发下的生存方式革命

从央视离开的一位主持人，在他的自媒体节目《逻辑思维》里提到一个词儿：U盘化生存。意思是说未来的专业人士像U盘一样，自带信息，不装系统，随时插拔，自由协作。这一概念的抛出一石激起千层浪，引发人们对生存方式的深度思考。

U盘化生存不受行业，不受公司的限制，实质说的就是专业主义。对于想要获得收入又不爱束缚的人，这的确是一种相当不错的生活方式，值得我们深入研究。

U盘化生存的原理类似于苹果公司的小U盘。苹果公司的产品刚开始都不是主机，当时戴尔、联想已经在做主机。苹果公司杀出来，但是是做可以随时插拔的外部设备。比如刚开始的ipod，还有后来的ipad，其实都是外设。只不过随着整个计算机的生态系统和产业链发展的成熟，这些外设可以自己独立成为主体。这也是我们这个社会今后发展很可能出现的一种模式，就是这些自由插拔的外设，最后可能是最光辉的个体存在形式。

其中的原因何在？

这跟我们社会结构的变迁密切相关。随着互联网的发展，人和人的协作变得更加自由，那么衡量一个节点价值的方式，就出现了非常重要的变化。在一个组织内部，无论是政府机关组织，还是一个公司的组织内部，无论再怎么革新，衡量个人价值的尺度也难以褪去“人治”的色彩。一个人干得好不好，谁说了算？当然是他的领导了。领导的喜怒哀乐、领导的个人的偏好，都对一个人的市场价值产生致命的影响。而个人喜好这个标准的不确定性恰恰非常大。也许他就是看你不顺眼，那你这一辈子可能有几年就要被蹉跎掉。

可是作为一个手艺人，作为一个插件，在市场经济和互联网经济条件下，你所面对的衡量个人价值的整个环境就不一样了。所以，市场是一个最公道的价值评价体系。也许你从没有做过生意，但当你不得不为了卖萝卜而扛着一筐萝卜进了农贸市场的时候，你也应该有自信，只要你的定价合理，你的萝卜是一定可以卖掉的，这不是因为你的萝卜是市场上最好的，而因为市场会给你一个公道的价格。

市场是靠无数节点和你联系之后，在你身上形成一种定价机制。比如说多年前我家装修房子时认识了一个贴瓷砖的工匠。他是跟他们老乡来到北京的，他只认识他老乡，在老乡的包工队干活。这个老乡就是他和外界联络的接口。然后他接多少活儿、加多少班，挣多少钱，都由包工头说了算，这就是组织内的处境。可是一旦到了大城市，一旦进入互联网社会，他的命运就在发生一点一滴的改变。比如我觉得这个人很实在，活儿做得好，干活也认真。于是当我的邻居、朋友、同学装修房子时，我就把他推荐过去了。推荐的方式非常简单，说出他的联系方式就行了。

他作为一个节点，就不是只跟这个组织的上线发生联系，衡量他价值的标尺就不只是一把。所以这个工匠就可以以一个手艺人的方式，以一个插件的方式，以一个U盘化生存的方式，随时随地插拔到各种系统上。可想而知，衡量这个贴瓷砖的人的价值就不再那么僵化了。据我所知，这个人现在每个月收入都能达到一万多块。

我就是一只傲娇的“U盘”！

我自己就是这样一只傲娇的自由自在的U盘。我热爱一切和文字有关的工作，比如游记。我游记写得好，我就可以是甲方，好多家线上线下的媒体都拉拢我把稿子投向他们。我可以自由选择，我可以货比三家，谁给的稿费多，谁的平台好，谁的小编更和我投缘，我根据这些因素考量，爱咋投咋投。我是自由的，我是甲方，我的物质和精神生活都是富足的。所以，我就是一只骄傲的U盘。

想和我一样傲娇地活着，你需要做些什么？

当然，不是人人都可以傲娇地U盘化生存的。你必须找准你的专业，做专做精。也就是说，你得是一只好用的U盘。

梁山好汉的结局，最好的就是神医安道全、玉臂匠金大坚、紫髯伯皇甫端、圣手书生萧让、铁叫子乐和、轰天雷凌振。这几个人最后大都被政府征用了，为嘛儿呢？看病、刻字、养马、写字、唱歌、做火药，他们共同的特点就是都是手艺人，都有一技之长。历史如何变迁，专业人士，总能混口饭吃。在抗日神剧中，鬼子入侵，政要们都纷纷杀头，却是那些医生、教授为日本高官青睐，给予各种优待，还各种劝诱。为什么？因为有用。因为他们有出色的专业技能。有的是留洋归来的医生，有的是祖传的瓷器高手，有的是德高望重的教育家。

技能虽然没有特定的用处，但它有一个独特的社会节点的价值，无论哪个方面都需要技能。这个社会，你如果以一种手艺人的精神和这个社会进行协作，而市场会给你一个公道的价格。

精粹的技能能够让你傲娇地U盘化生存，谁都需要你，你可以谁都不投降。

03 你还在浑浑噩噩，当个可怜的小迷糊吗？

职场上，最可悲可叹的是这样一类人：小迷糊。

他们过着不像样儿的人生，有着差强人意的工作，做着不喜欢的事，可真若问他喜欢什么，他支支吾吾也说不出个所以然。

今年春天，冲绳旅行结束，从酒店定了辆车出发去机场。司机五十来岁，穿着深蓝色套装，戴着白色蓝沿儿帽子和白色手套，显得很职业。

他接过我的行李放在后备厢，然后坐进驾驶位置，摘下帽子，随手扔在前面，发动了车子。动作里没有宾馆司机常见的礼貌谦和，透着不耐烦。一点不像日本当地司机那种礼貌殷勤。

车子驶稳，我们开始聊天。经过攀谈了解到，他果真不是当地人，而是台湾人。他的不耐烦，源于对工作的不喜欢。他说要不是没办法，谁这么大岁数还来干这活儿。

我问那您以前是做什么的，他开始滔滔不绝讲述当年的故事。他的职场经历真丰富：当兵回来后，做过射击教练。做过卡车试车员，曾经到过大陆某个山区，给东风卡车测试轮胎，开着车跑山路，看多久会爆胎。还玩过水上飞机，设计的小飞机是当时台湾水平最高的。和朋友做过多次生意，几起几落。

那怎么又做上了司机，我问。他拍着方向盘感慨，咳，年轻时不懂事，兴趣广泛，不定性，这个也好，那个也喜欢，最后哪个也没干成。他落寞着总结，当年一起当射击教练的，如今在带国家队；一起玩水上飞机的，成了这个领域的专家；一起做生意的，已经在大陆建了好几个厂。自己呢，一事无成，这些年一直晃晃悠悠，现在上有老下有小，只能又出来工作。在冲绳亲戚的帮助下，背井离乡做个司机，挣点养老钱。

作为懂得一些职业规划知识的人，我十分理解他的处境。在生涯发展理论里，舒伯将人的生涯划分为成长期、探索期、建立期、维持期、退出期几个阶段。每个阶段都有不同的核心任务和核心角色，上一个阶段的任务没有完成，角色没有扮演好，必然影响下一阶段的生活。这个司机，在职业生涯角度，探索期太久，始终没有清晰的职业定位，根本没有进入建立期。同样的年龄，别人只要维持自己的工作就好，而他始终没搞定该干什么，没有自己的专业。上一阶段欠的债，下一阶段总要还，剩男剩女的家里比较着急也是这个道理，该结婚的时候不结婚，生涯任务没完成，必将影响下一段生活。

不要以为这样的人很少，离你很遥远。说不定，你自己就是个这样的“迷糊”。比如大街上那些整天吆喝着“说走就走”的年轻人。他们貌似知道自己喜欢什么样的生活方式,其实他们还是根本不知道自己喜欢什么。

这个故事有关一个女孩，二十七八岁，做行政。她喜欢自由自在的生活，工作一段时间攒点儿钱便辞职，拎起背包去旅行。旅行腻了，再回来找行政类的工作，工作一段再辞职去旅行，自我而潇洒。一次闲聊，我问她一个问题：三十岁之后，你该怎样生活?

她自信地告诉我，她现在还年轻，很容易谋得一份行政的工作。

我只好给她泼冷水了，我说，办公室行政是一份专业性很弱的工作，刚毕业的孩子都能从事，等你过了三十，恐怕很难跟粉嫩的小孩儿竞争。即使竞争得过，行政职位的待遇，或许也满足不了你那时的生活需求。说到这里，她眼神里有一丝暗淡，开始思考后面的人生。

在她的年龄，正是该探索和建立自己专业的阶段，这个阶段的任务没完成好，必将影响以后的生活。就像那个我在冲绳遇到的落魄的台湾司机一样。

人的一生，要有一场轰轰烈烈的爱情和一次说走就走的旅行。很多人被这句潇洒而不负责任的话害了。首先，绝大多数爱情都不会轰轰烈烈。其次，旅行可以说走就走，但注意这句话里说的是“一次”，而不是多次，不是随时。背包客，最佳的状态，是通过旅行，建立了自己的职业和谋生能力，比如给杂志写专栏，给画报拍照片，组团给其他旅行者作导游。否则，将荒废建立专业能力的时光，岁月会蹉跎在风景里。人的生涯，是连续的，这段过于潇洒，下段就得更多付出。出来混，总是要还的。

工作，实质是一种交换关系，我们付出专业能力，为企业创造价值，企业支付相应的薪水和待遇。要想过得比较好，我们就得让自己更专业。所以，在企业里做行政的，做助理的，转去HR会更好，因为HR较行政和助理是更专业的工作。而打工的，做保安和建筑小工，就不如去做装修，做厨师，因为后者更专业，未来钱景和前景才会更美好。

04 先放下面子，再来谈创业

爱面子的人不适合创业。

要不然，自己别扭，也不会成功，只能造成人力和财力的浪费。

为什么这样说呢？因为创业的过程就是一个把面子踩在脚底下的过程。创业初期，招人需要打感情牌，需要放下面子。处理社会关系需要放下面子。拉拢上下游的客户需要放下面子。过不了面子这一关，很快就闭馆。

而偏偏我们中国人是最好面子的，所以处理面子问题显得尤为棘手。

干大事的人都“不要脸”

原太平洋集团董事局主席严介和曾说过一番备受争议的话，他说：“什么是脸面？我们干大事的从来不要脸，脸皮可以撕下来扔到地上，踹几脚，扬长而去，不屑一顾。”他认为不把自己当回事，不把面子当面子，视面子为虚无，这才是一个真正干大事的人应有的风度。

此话虽然尖锐了些，但是，对创业公司来说，克服面子问题的确关乎公司的生死存亡。

大家都知道，史玉柱、俞敏洪、严介和、陈天桥他们是超级富豪，但没有谁知道这些创业者们是怎样成为超级富豪的，没有谁知道他们在成为超级富豪的道路上，付出了怎样的代价，付出了怎样的努力，忍受了多少别人不能够忍受的屈辱和痛苦。又有多少人愿意付出与他们一样的代价，获取与他们今天一样的财富呢

新东方的校长俞敏洪也吃尽了面子的苦，《中国青年报》记者卢跃刚在其著作《东方马车——从北大到新东方的传奇》一书中，详细记录了俞敏洪的创业经历，其中有许多关于俞敏洪创业经历的故事，至今读来，仍令人唏嘘。

书中记述了俞敏洪的一次醉酒，事情缘起于新东方的一位员工被竞争对手用刀子捅伤的事件。为了处理这件事，俞敏洪请一个刚刚认识的警察朋友，托他请刑警大队的一个政委出来“坐一坐”。因为俞敏洪不会说话，只会喝酒；也因为内心不从容，光喝酒不吃菜，喝着喝着，俞敏洪就失去了知觉，滑到桌子底下去了。老师和警察把他送到医院抢救了两个半小时才活过来。醒来喊的第一句话是：“我不干了！”学生们背他回家的路上，他一边哭，一边撕心裂肺地喊着：“我不干了！把学校关了！”可是下午7点多酒醒了，他又像往常一样，背上书包上课去了。若是太好面子，俞敏

洪恐怕出不了门了。

俞敏洪还有一件下跪的事，在新东方学校也是人尽皆知。他的母亲不顾众人反对将俞敏洪的姐夫招来新东方做事，先管食堂财务，后管发行部。因为某些原因，有人将俞敏洪姐夫的办公设备搬走了，俞母大怒，在学校破口大骂。这位新东方学校的校长，万人景仰的中国留学“教父”，当着大伙儿的面儿，“扑通”一声给母亲跪下了。

见证此事的王强事后回忆说：“我们期待着俞敏洪能堂堂正正从母亲面前走过去，可是他跪下了，顿时让我崩溃了！人性崩溃了，尊严崩溃了，非常痛苦。”一个外人看见这样的场景尚且觉得“崩溃”，觉得“非常痛苦”，那么，作为当事人和下跪者的俞敏洪内心会是什么样的感觉呢?

实际上，面子是人生中的第一道障碍，聪明的人决不做“死要面子活受罪”的人，过分爱面子，就会失去机遇，把自己看得太重的人，很难做成大事。要干大事就不能把面子看得太重。

那些改革开放初期致富成功的人，就是因为摘掉了虚荣面具，才走上了成功之路。有一大部分富豪都是从“破烂王”和“臭皮匠”干起而发家致富的，敢做“破烂王”、敢做“臭皮匠”的人，本身就具有与常人不一般的人生观、价值观。而很多海归人士、政府官员和受过良好教育的人，在创业时成功的概率很低，原因则在于他们太好面子，过于清高，放不下架子。

综上所述，如果我们想要做一个务实的实践者，就要拿出干大事不要脸、不怕丢脸的勇气来。“不要脸”是说不要把自己的身份当回事，因为这个社会需要的是你的能力与智慧，需要你用实际成就去证明自己的价值，而不是派头。有了实际成就，自然就会有荣光，否则又有谁会在乎你的脸面?

如何克服面子心理?

这些年听过好多老板的高谈阔论，记忆深刻的不多。倒是多年前天津一位做建材的小老板的话，深深地刻在心底。那时候他刚毕业，就自己开了家小公司，那时候我们都还年轻，我一身“公主病”，看他每天和那些特有身价的人周旋。我都替他难为情，我问他你不自卑吗?

他说，有什么自卑的，世界的本来面貌就是谁的拳头大谁有发言权，谁有本事谁能成为强者，我觉得这是自然，我想跟人家学东西，我想得到人家的帮助，我当然要谦虚谨慎夹着尾巴做人。我没觉得这很丢人。

他还说，自己实力不够的时候，就得认输。面子是自己挣的，不是别人给的。想要面子，那就把事做大，把自己变强!

现在，他早已飞黄腾达，成了建筑行业京津冀地区特有话语权制定规矩的人。他是位受人尊重的儒商，说话少，但掷地有声，很霸道。但霸道的有理有力。

因为他那一席话，也因为他的勤奋与进步，我一直把他奉为偶像。因为对人情世故和面子有这样的认知，所以创业初期我们都认为他“低三下四”的时候他自然而然。而功成名就后他才带出了一大批不亢不卑务实拼搏的行业精英。

我觉得我这位偶像关于面子问题的分析实在是高见，很能让我们放下面子。

05 变成个“疯子”，才能好好创业

我的小兄弟川儿，本来在上海工作，在天使基金做得好好的，父母可以帮他在上海买房，他有漂亮的女朋友。后来他愣是跑到北京来创业。

事情起源于坐飞机时他认识了中建集团的某位大哥，俩人挺投缘的，一碰，然后俩人磨刀霍霍地都辞职了，他真够革命的，还和女朋友分了手，跑到北京来租房，和那位陌生大哥一块干事。当他告诉我这些事时，我就说他疯了，都在大公司干得好好的，说放就放了，现在找个工作是真不容易啊。更疯的是他们干的事很冷门。最开始做茶，失败了，改行做禅修 APP，现在做佛教旅行，成了，发了好多次大团了，掀起了修行旅行的新篇章！

现在，他俩干得风生水起的，我再也不说他们疯了。

不疯，还真干不了大事。所以，想创业，必须疯起来。

先疯起来，才能谈创业

创业是一个艰辛的过程，没有吃苦的准备，肯定是坚持不下去的。创业就是与困难、失败为伍，在困难和失败面前，很多平庸之辈都低下了自己的头颅，只有少数不甘心失败的疯子，才能有惊人的意志力，才能忍受常人不能忍受的挫折，奋力拼搏，创造别人不敢想象的辉煌。

英特尔创始人、董事会主席安迪·格鲁夫在其著作《只有偏执狂才能生存》一书中说："这是偏执狂才能成功的时代，只有偏执狂才能生存！"他表示，只要涉及企业管理，他就坚信偏执万岁。作为一名管理者，最重要的是要以偏执狂的姿态去思考任何事情，从而击败对手的阴谋。现在，安迪·格鲁夫的这段话几乎已经成为商业领域的一个定律。而作为中国最早一批 IT 创业者，马云一开始就展示了他超乎别人的"偏执基因"，这种偏执基因的外在表现就是他的"疯"劲。从创业伊始，马云的很多行为在常人甚至身边的人看来，都是近乎不可理解的"疯"。

1995 年，刚刚步入而立之年的马云在当时已经是杭州十大杰出青年教师，校长还许诺他外办主任的位置。但是，就在大家都认为他在学校发展前途光明的时候，特立独行的马云做了一个疯狂的决定，放弃了高校教师的铁饭碗，毅然投身自己完全不懂的互联网。身边的人都被他的决定惊呆了，甚至连父母也认为他“疯”了。马云找来24位朋友征求意见，结果招来了23张反对票！

“我想了一个晚上，第二天早上决定还是干，哪怕24个人全反对我也要干……很多年轻人是晚上想想千条路，早上起来走原路。”马云现在让我们看到的都是他在互联网创造的辉煌和光环，但如果多年前他只安分地做着外语教师，他也就没有创造互联网神话的机会了。所以，你们顶礼膜拜的阿里是马云“疯”出来的。

疯子思维与常人思维的差异

疯子其实是一种另类思维。它和大众思维有什么差异性呢？

大众思维：从外部条件入手思考选择出路。

比如，在大公司当白领引人羡慕，令父母满意，所以我还是当选择打工；这家公司给我5K，那家公司给我6K，故我就选择6K的。

疯子思维：用自我目标和自我要求去决定如何选择。

比如，在决定打工还是创业之前先思考，我想要什么？我能得到什么？对未来有什么帮助。哪条路能带我实现个人价值，我就走哪条路；或者哪个平台愿意给我施展能力的平台，我就去哪里。

当然，创业的疯狂并非等同于盲目的偏执，它代表的是一种大胆的想象、坚定的忘我和专注的执着。把自己的主要精力和时间放在热爱的事业上，最终利用聚焦原则把能量发挥到最大，取得的效果也会最佳。就像马云一样，疯狂热爱，疯狂坚持，疯狂工作。

06 勇于跨界，才能跨出一个了不起的新未来

当很多书店老板因为没有顾客纷纷关门，当很多酒店生意惨淡时，青岛一位原本开咖啡馆的朋友，在海边开了个咖啡书店式旅馆。旅馆集食、宿、文艺消遣三功能于一体。都快被挤爆了。

这两年，北京卫视靠“跨界歌王”这个节目赚足了收视率，一大批演而优则歌的演员刷新了观众的眼球，给了我们不一样的视听享受。

再来看看影视界，中国的两部影片《泰囧》、《致我们终将逝去的青春》搅扰了当今中国的电影界。先不说影片内容的见仁见智，单单从票房上是能看出端倪的。就连文章也导演电影了，《陆垚知马俐》的票房也很不错哦。

由此启发，我就对跨界产生了浓厚的兴趣，扩散到其他领域，发现跨界确实是当今的大趋势，对于个人发展，也是一条好思路。假如一件事你做了很多年，依然没能出彩，你也不妨跨界一下，说不定就跨出一个新未来。

跨界是大势所趋。

最彻底的竞争是跨界竞争，你认为收费的主营业务，一个跨界的进来，免费，因为人家根本不靠这个赚钱，你美滋滋地活了好多年，结果到最后都不知道怎么死的。

瑞星杀毒收费，360杀毒进来全部免费，让整个杀毒市场翻天覆地。微信免费，让舒舒服服地收了十几年的通信和短信费的几大垄断运营商们

大惊失色。马云宣布启动“菜鸟计划”，把行业大佬邮政快递又推了个趔趄。还有阿里的支付宝、腾讯的微信红包对银行的冲击。这种跨界的竞争，你感受到了吗？柯达的葬礼已经被人快要遗忘，摩托罗拉、诺基亚、东芝、索尼、爱国者都在排队等候档期。国美醒来的速度太慢、太慢，等它睁开眼睛，仓库里，剩下一地的悲伤，京东早已实现明目张胆地“打劫”。

苏宁总算懂得翻个身子，好歹知道有人正在打劫！而中国联通和中国移动，就实在是沉睡难醒，毕竟牛了这么多年，加上有政府支持，怎么都不相信，一个马化腾，就可以在短短几个月内，直接开仓取钱！一个微信软件的运用，在功能上足以把这两个巨头在电话和短信的收费利用方面赶尽杀绝！醒来的速度不够快，就不用醒了，免得伤心，直接睡死得了。

未来十年，是跨界的黄金时代。

跨界时代来临了，或者说跨界早就开始了，确切地说，跨界，已经迎来了黄金时代。

未来十年，是中国商业领域大规模洗牌的时代，所有大企业的“粮仓”都可能易主！一旦人民的生活方式发生根本性的变化，来不及变革的企业，必定遭遇前所未有的劫数！沃尔玛正在关闭它的多家超市，这个曾经的世界第一富豪，正在面临醒过来之后如何转身，至于其他各类恐龙级的商业巨头，说真的，若不懂跨界，活下去的希望真的渺茫！

可惜，大多数人到现在还在把那些笨拙的企业巨头当神一样供着，在那里膜拜，却不知道，他们已经身心疲惫、头昏脑胀，看不清前途，找不到归路！

更有甚者，居然还在扩张，还不知道进退！越来越快，一切都在一个大规模变革之中，无论是哪一家公司，如果不能够深刻地意识到金钱正随着消费体验的改变而改变流向，那么，无论过去他们有多成功，未来，都只能够苟延残喘，直到被尘土掩埋。

来点跨界思维，你也可以玩得很嗨！

跨界的，从来不是专业的，创新者以前所未有的迅猛，从一个领域进入另一个领域。门缝正在裂开，边界正在打开，传统的广告业、运输业、零售业、酒店业、服务业、医疗卫生等等，都可能被逐一击破。更便利、更关联、更全面的商业系统，正在逐一形成，世界开始先分后合，分的，是那些大佬的家业；合的，是新的商业模式。

机场，不能够是一个娱乐场么？不可以成为最重要的社交中心么？微信只是一个萌芽，摇一摇的背后，真正的契机在于，人们正在从家庭、办公室走出来，进入一个极大的、广阔的社交需求时代。还在留恋你的路边广告牌？还在把大把的钱投向电视广告？还在以为分众的电梯广告占据了终端？过时啦！

要知道，未来谁的WIFI覆盖率越高，谁就越可以占据终端用户的心。租个足够的数据流量，使人们习惯从你这里进入免费的WIFI，你的广告价值都将无可限量。

未来，酒吧还是酒吧么？咖啡厅还喝咖啡么？酒店就是用来睡觉的么？餐厅就是用来吃饭的么？美容业就靠敷面膜加按摩么？肯德基可不可以变成青少年学习交流中心？银行等待的区域可以不可以变成新华书店？飞机机舱可不可能变成国际化的社交平台？

你不敢跨界，就有人跨过来打劫，未来十年，是一个海盗嘉华年，各种横空而出的马云、马化腾会遍布各个领域，他们两个是开了个头而已，接下来的故事是数据重构商业，流量改写未来，旧思想渐渐消失，逐渐变成数据代码。大数据时代，云计算的发展，一切都在经历一个推倒重来的过程。

你瞧不起，看不见，不以为然的直销，现在正在以突飞猛进的形式取代传统的营销模式。未来几十年将是直销业市场的天地，不看学历、背景、能力的低门槛的小方式，受到青睐，冲击着各大企业的就业难问题。也引来商界、演艺界的名媛富豪纷纷为自己准备人生备胎。

一张文凭用一辈子，一个单位待一辈子，开个门面就赚钱的时代过去了……思想有多远，就能走多远，不去改变脑袋，就无法改变口袋……就比如我，也开始跨界了，已经入驻了好几个旅游网站的平台。早跨早成仙啊，快点跨吧。

07 你是穷人，你该如何着手创业？

假如你底子单薄到自卑，还在想着飞黄腾达的梦想，你该怎么办？

最常见的出路就是寄希望于哪个能量比较强的亲戚。无论是找工作，还是借钱，都不可行。

就说找工作吧。假如你有个高官亲戚，有能力帮你谋个好工作。但开口之前，你该掂量一下自己值不值得人家为你费心冒险。能到那个位置上的人，都不脑残，一不能为自己带来麻烦招来风险，二还得对他自己有利，最起码能给他长脸。假如你学历不行能力不中又不会说话办事，这种求人的话还是别说了。

仕途不成，一赌气可能就会想到哪个有钱的亲戚可以借你点钱，给你投点资，你可以整个小公司。这样的梦还是别做了，你公司开起来人家可能帮你拉单业务，或者发动人脉给你工作上的支持，钱恐怕不会借给你。

一个穷的侄子向有钱的财主姑妈借粮，姑妈说，我鸡、鸭、鹅、牛、羊、马一天要吃几升米，粮也刚刚够吃，借粮给你，我的这些畜生就会饿死。现在的姑妈们不养牲畜，但她们会买房买铺，想几年以后就一间变两间。借钱给没学历的穷人你发财，只怕发财发财，几年以后你的名字已改成叫蠢材。他们是这样思索的。可能会遭你恨，但姑妈们没错，穷人的你发财概率真的很低。她们的房产一间变两间时你应该高兴，好在她们没借钱给你。

如此看来，穷人简直一无是处啊？当然不是，“穷人”这个词本质上是用来形容物质生活匮乏的人的，现如今，物质生活是否丰厚完全由个人掌握，只要穷人改变思维与观念，寻找机会，依靠智慧与劳动赚钱也并不是一件非常难以实现的事情。

其实，知道自己是穷人，对穷人来说是一件极好的事情。原因如下：

① “我是穷人”是穷人的最大财富。

创业也是穷人，不创业也是穷人，反正是穷，何不自己创业？创业是穷人快速增长财富的唯一合法出路，创业没有贫富之分，不用怕学历问题。给人打工是无法实现自己的人生价值的，在老板们看来，业绩好并不代表你的能力强。某日化行业，业绩由几千万做到6亿，老板就这样说过“我这么大的广告投放量，就是只猪也能将业绩做起来”。后来证明只有猪才会讲这样的话，但已没意义了。

中国是发展中国家，发展中国家就意味着有很多很多的发展机会，发展中国家就意味着70～80%的工作并不需要高素质的人才，初中文化完全可以胜任。行业是没有穷富之分的，富人可以投资100万元创业，穷人投资1万元也可以创业。

②因为钱不多，可选自己最熟悉的小本生意。

你是养猪的看到造飞机利润大，就想造飞机，当然不行，飞机的一个螺丝你也做不起，就是做了你也很难卖出去。因为那个行业对你而言太窄太偏，你掂不起来。

在自己了解的行业看有没有值得创新的项目，创新并不一定要科学工作者来完成。因为中国是发展中国家，所以很多项目还留在低水平的基础，互联网这么发达的今天，有关原子弹的资料都是有可能找到的，你要的鸡蛋孵化小鸡的技术也可以轻而易举地找到，把找来的技术资料进行综合分析，也许会找到一个创新点——有创意的点子在这个时代是很值钱的。

③行业选定后，先要了解同行，然后选几个同行作为学习对象，摸清他们的销售通路。

他们是你的老师，他们把小鸡卖到月球，你当然也跟着去。也许你会有你的想法，月球养不了小鸡。同行都不问这些，你是学生问这些干吗？做学生一定要虚心向老师学习，才是好学生。有可能你想到把小鸡买到南极去，因为你想那是新市场，有一点一定要记住，创新是有风险的，每一步都创新，穷人的你是无法做到的。到时你的小鸡会在南极冻死。

④寻找市场，因为向老师学习时你只是抢到了几个客户，这是不够的。

不过这些客户已让你的小鸡不会冻死、饿死。它们翅膀已在慢慢成长，等待飞翔。960万平方公里的中国大地到处都有你的市场，互联网发达的今天，全球也有你的市场，市场变大以后，你会真的感到商场如战场。

很多人会对你说，要创新，产品要有差异化才有市场，我们也这样认为，其实，我们错了。互联网发达的今天，产品没有差异化，或者说，差异化不大。你只需要在内容上做些小小的提升，在形式上做一些巧妙的创意，就能实现推动销售的伟大目的。

08 如何判断一家互联网小公司是否值得你加入？

注意，这里所说的加入，是专指你以合伙人或者总监级别的身份加入。加入后，你就是中国合伙人！

现在，越来越多的人开始把目标从大公司任职转移到小公司上，那么如何判断一家小公司是否值得你破釜沉舟拼一把呢？这时候，你一定要记住：选择比能力更重要。

你只需要认真回答下面四个问题就够了。

第一个问题：这事有可能做大吗？

好几个投资人都和我说过，创业一定要做市场大的项目。一个创业项目失败了，很多时候并不是因为团队不优秀，也不是你们不够努力，只是这个事情的市场本身就很小，你怎么都不可能做大。

如果你是第一次创业，做一个小而美的项目长长经验值也蛮好的。不过一个小而美的项目到了后期有可能变成鸡肋，它既没有被市场证明不行迅速死掉，也没有爆发性的增长，这种项目最悲剧。当你已经能以一个合伙人或者总监级别加入一个创业团队的时候，我相信你已经工作了一些年数了，在自己的领域有了一些成绩了，这时候你的时间机会成本是很高的。所以你自己这么一个厉害的人去做一件小事，不如和几个厉害的人一起做成一件大事。要知道，Facebook 前 100 名工程师的收入比 99% 的创业者高。在中国，现在的情况是，人人都去创业。可是五个很厉害的人原本可以做成一个几十亿美元的公司，他们都自己去创了五个公司，结果都死了。

怎么样才算大事？就是顺势的项目。每个创业者说起自己的项目都两眼放光，都觉得自己这个点子超牛，五年之内一定上市。别只听他喷。要自己去判断。

你要记住，顺势有一个重要的点是掐时机，早一步晚一步都不行。不能做早了，市场还没法接受，比如2005年做手机阅读APP，也不能做晚了，那就大红海别扎进去了，比如2011年、2012年的团购。

第二个问题：我是否喜欢做这个事？

是否要做自己真正喜欢的事情，不同人对这个问题的看法不一样。

比如雷军就和陈欧说，要做一个市场足够大的东西，而不是自己喜欢的东西。于是陈欧放弃了继续做自己感兴趣的游戏相关的事情，和另外几个爷们一起做化妆品。但在硅谷，每一个创业者都会神神叨叨地说自己创立这个项目是为了改变世界，实现自己的人生价值，追求自己的人生意义云云。这也是文化差异，我们中国创业者在创业时更多还是考虑这事是否能“成”。但对我来说，如果一件事我不是那么喜欢，我很难长时间去做它。

如果这个项目整体做的事情你很喜欢，但是你喜欢的那个坑已经被别人占了呢？比如你明明想做产品，结果他们说我们有产品总监了，你去做市场推广吧。

友盟的前cofounder文一曾经说过，你在一个小公司里具体做什么不重要，离CEO的距离有多近才重要。这也是有人曾经告诉过Sheryl Sandberg的，“If you're offered a seat on a rocket ship， get on， don’t ask what seat.”

不过，当你问“我来这个小公司做什么”，如果对方说的是“你什么都可以做”，那么你千万不要加入。因为CEO很可能自己都没有想清楚你来了之后具体要做什么。而没有明确的职责和权力，你会处处碰壁。比如都说是做市场，你以为你之后要做的是品牌，可是人家要你做的是PR

或运营，甚至是销售。

一个公司的产品调性和目标顾客已经决定了你加入之后能做的事情的边界。拿市场营销来说，如果一个公司打低价切入这个品牌，而目标用户大部分为三四十岁的中低端人群，这就决定了你要做的就是运营和PR，讲故事没什么用。

第三个问题：我们这些人能一起做事么？

好点子很重要，找志同道合信得过合得来的人一起做更重要。

找到一个好的合伙人的难度不亚于找到一个好恋人。志同道合的人一起做事，是正能量的叠加，而气场反冲一言不合就翻脸的人一起做事，智慧和能量全内耗掉了。一起作业网的创始人肖盾先生说，他找合伙人的时候会把每个人各方面都摸透，做事的习惯，对各种事情的看法，甚至那个人的老婆都要拉出来聊一聊……他和现在的这个cofounder就是聊了半年才确定一起创业关系的。

和靠谱的人一起，不管做什么，都不会太不靠谱。所以，对于你的合伙人，一定要了解清楚。

除了了解他的性格之外，还要了解每个人到底要什么。一个人到底要什么会决定了你们共事时每一天的每一个细节。

第四个问题：钱钱钱！

关于钱的问题，是我们最后才需要考虑的。

许多互联网公司动辄就是融个几千万美元，估值几亿美元的。其实有很多公司公布的估值和融资数字除以3～6才是真实数字。一些公司都直接把融到金额的单位从人民币换成美元，甚至有的公司都开始乘以10倍的报数了……

不管怎么样，估值真的是很虚的东西，很多很多曾经估值很高的公司都没有上市没有被收购没有任何然后了。所以，当你问那个创始人“你们公司现在估值多少了？”的时候，他会和你说一个数字。但是这个数字你就随便听听。

比数字更重要的是这个公司股权结构是否清晰。

有的小公司70%的股份都是天使投资人的，还有的小公司有10个平均股东……公司发展得越大，股权结构带来的问题就会越明显。

也不能从一个公司是否有很多天使或VC抢来决定是否加入它。有的创始人在还没有做出一个成形的产品的时候就能靠刷脸拿到第一笔天使投资，这也是能力。拿到天使投资是加分项，但是依然有太多不确定因素。VC呢，有时候投的也是趋势，当一个领域热起来的时候，VC们从战略考虑必须得占一个坑。

不管怎么样，投资投的永远是概率。而且他们投入的是钱，而经常还不是自己的钱，是基金的钱。可是作为一个创业者，你要加入一个创业公司，投入的可是时间啊！时间比钱贵多了。

至于你能拿到多少钱？股份？期权？这个数字也不确定。在中国，多少合伙人因为股份没有兑现而撕破脸皮不欢而散，又有多少公司在上市之前把员工的期权合同收回或者把员工的股份稀释了几十倍几百倍呢？公司还没有挣钱的时候，都能苦难同担；公司一有钱了，问题就来了。到了最后，最重要的还是，那个创始人他是否有契约精神。

每个公司的阶段状态、股权结构都不一样，最终能做多大能走多远也存在着非常多的不确定的因素，因而你所能获得的股份和期权的变动区间也非常大，而这些数字也真的很难去进行横向比较。因为也许有的创始人可能会给你一个低期权然后对你说：“我给你1%，不过你别嫌少，因为我这个公司能做到10亿美元，别人可能会给你10%但他们可能最多只能做到百万级别。”这句话的确能算是大实话，也能被视作彻头彻尾的忽悠。公司究竟能发展怎样包括老板自己都无法确定，最终你有可能根本得不到他承诺中的那么多，也可能一点都拿不到。

至于每个月能拿到多少工资的问题，拜托，你都来创业公司了，还考虑什么工资啊。要考虑工资的请去大公司工作。创业公司给的工资的数字只要够最低生活消费就可以了。

总之，加入任何一个初创公司都像是一次高风险的赌博。你赌的是团队、是趋势、是方向，或者说，你就是在赌运气。真正想创业的人从来就不用考虑自己是选择大公司还是小公司，如果你一直在犹豫和徘徊，那么你可能真的不适合创业。我从来也不认为创业是适合每个人的。

09 梦想要大，但要低姿态进入

在这个全民创业、大众创业的时代，越来越多的人拥有自己的创业梦想。梦想是天空飘飞的种子，必须落地，才能生根发芽开花结果。也就是说，梦想必须接地气。

孙立凯是个策划师，在业界小有名气，受邀请给一家陷入困境的餐饮企业出谋划策。他冥思苦想了几日，最后拿出了一个令全世界瞠目结舌的改造计划——建造“万人大餐厅”。我们只听说“万里长城”、“万人大会堂”，还没有听说“万人大餐厅”，而且囊括中国所有菜系和小吃，全国首家！按照最保守估计的人均消费45元，每日早餐上座率为40%，中餐和晚餐上座率为70%，则每日有18000人进餐，日营业额可以达到80万元，一年就是3个亿！由于集中经营，可以大幅降低成本，毛利就可以达到两个亿以上！另外还有无法估量的外卖和边际利润！该公司领导听了大师的鼓噪后热血沸腾，立即责成有关人员着手运作。但在运作过程中，步步都行不通，首先就是场地，在市中心根本就找不到那么大的营业场所，在城郊有大型展销场可以租赁，但根本就无法解决交通问题。另外，消防局坚决反对，在消费者如此密集的地方搞餐饮业，火灾隐患极大，根本就不给颁发消防许可证。卫生防疫部门也明确表示反对，一旦发生万人集体食物中毒事件，就是全市所有医院的病床全部腾出来也不够。还有，公安部门担心的集体性治安隐患……当领导人再请策划大师拿出“锦囊妙计”时，这个骗子早已经带着巨额“智力费”人间蒸发了，雪上加霜的企业后悔莫及。

孙立凯的策划案不禁让人联想到某些小公司从大公司高价聘请来的“空降兵”型管理者，这些管理者来自大公司的高层，理论知识丰富，满腹经纶，来到小公司，却和基层员工死掐。他们的管理思路简直就像高射炮打蚊子，虽然逼格很高，套路很深，但根本不实用。所以，小公司请他们来，根本就是个错。

同样的道理用在创业上，你有梦想有雄心是好事，但还有个实事求是的问题。

创业者要具备“三气”。

对于创客，我觉得最重要的是三个“气”——有勇气、沉住气、接地气。有勇气，就是要有开启梦想的勇气，搭台子唱戏的勇气，承受失败的勇气。

沉住气，就是要有耐心培育梦想，要深潜，要忍，要等，创业不是一天两天的事情，而是需要做很久的项目。在拿不到报酬的情况下，你仍然愿意每天干上十几个小时而不知疲倦吗？成功没那么容易，需要时间去打磨，需要经历无数次的失败。我了解的创业团队中，即使创业基础好的团队，也要经过三年左右的时间才逐步脱离求生期。

关于接地气，可以套用一句网络语言——“任何‘不要问我市场有多大，要问就问我梦想有多大’的创业都是无稽之谈。”满足公众需求才是拉动创新创业的原动力。

把简简单单，自己喜欢的事做好，本身就足够伟大。

翻开亨利·福特的自传，你会读到这样一段宣言：“我将为广大普通人生产汽车。任何一个有一份好工作的人都有可能买上一辆，并和他的家庭享受美好时光。”沃尔玛创立之初的首要诉求是“为社会底层的人节约每一分钱”；可口可乐的目标是做人们喝得起、买得到的美味饮料；而微软所做的，只是让每个人的桌上都可以摆上一台PC电脑。马云所做的，只是“让天下没有难做的生意”。

其实，当这些公司还只是前途未卜的小公司的时候，他们的目标可能并不是要改变世界，更没想过要惊天动地。事实上，能够将完全属于自己的事情做好，已经可以算得上十分伟大的事情了。

因此，急功近利要不得，如果将满足自我膨胀的金钱欲望作为工作的驱动力，那么你的梦想便不堪一击。

“得道者多助，失道者寡助。”你进入的姿态越低，越能吸引人。你越是忽略自己，别人越不会忽略你。当个人的梦想顺应时代的发展，并且为大多数人服务的时候，往往更容易实现，也更容易使自己从中受益。

别想着一鸣惊人，把你的梦想和大众需求建立关联，把自己想做能做的事尽可能做到最好，就离成功就不远了。